Ruženec

SESTRA EMMANUEL MAILLARD

RUŽENEC

Cesta, ktorá ti zmení život

© 2021 Children of Medjugorje inc.
Všetky práva vyhradené.

Z francúzskeho jazyka preložila *Lucia Strhárová*.
Jazyková úprava *Lucia Strhárová*.
Obálka *Nancy Cleland*.

Všetky práva vyhradené. Žiadna časť tohto diela sa nesmie reprodukovať, kopírovať ani rozširovať elektronicky, mechanicky ani iným spôsobom bez písomného súhlasu vydavateľa, s výnimkou krátkych citácií v recenziách a použitia na nekomerčné účely v súlade so zákonom o ochrane autorských práv.

Objednávky:
Prostredníctvom kníhkupectiev a veľkoobchodu.
V prípade záujmu kontaktujte Ingram Content na stránke
www.ingramcontent.com.

ISBN-13: 978-1-7363308-8-3 (BROŽOVANÁ VÄZBA)
ISBN-13: 978-1-7363308-9-0 (E-KNIHA VO FORMÁTE EPUB)

10 9 8 7 6 5 4 3 2 1

Dostupné aj ako e-kniha.

Children of Medjugorje
www.childrenofmedjugorje.com

Obsah

Úvod ... xi

Radostné tajomstvá

1

PRVÉ RADOSTNÉ TAJOMSTVO ... 3
Zvestovanie Panne Márii

DRUHÉ RADOSTNÉ TAJOMSTVO ... 7
Navštívenie Alžbety

TRETIE RADOSTNÉ TAJOMSTVO ... 17
Narodenie Ježiša v Betleheme

ŠTVRTÉ RADOSTNÉ TAJOMSTVO ... 23
Obetovanie Ježiša v chráme

PIATE RADOSTNÉ TAJOMSTVO ... 27
Nájdenie Ježiša v chráme

Tajomstvá svetla

33

PRVÉ TAJOMSTVO SVETLA ... 35
Ježišov krst v rieke Jordán

DRUHÉ TAJOMSTVO SVETLA ... 41
Svadba v Káne

TRETIE TAJOMSTVO SVETLA ... 47
Ohlasovanie Božieho kráľovstva a výzva k obráteniu

ŠTVRTÉ TAJOMSTVO SVETLA ... 55
Premenenie na vrchu Tábor

PIATE TAJOMSTVO SVETLA ... 61
Ustanovenie Oltárnej sviatosti

Bolestné tajomstvá

71

PRVÉ BOLESTNÉ TAJOMSTVO ... 73
Ježišovo utrpenie v Getsemanskej záhrade

DRUHÉ BOLESTNÉ TAJOMSTVO . . . 79
Ježišovo bičovanie

TRETIE BOLESTNÉ TAJOMSTVO . . . 87
Ježišovo korunovanie tŕním

ŠTVRTÉ BOLESTNÉ TAJOMSTVO . . . 93
Ježišova krížová cesta

PIATE BOLESTNÉ TAJOMSTVO . . . 99
Ježišova smrť na kríži

Slávnostné tajomstvá

PRVÉ SLÁVNOSTNÉ TAJOMSTVO . . . 107
Ježišovo zmŕtvychvstanie

DRUHÉ SLÁVNOSTNÉ TAJOMSTVO . . . 111
Ježišovo nanebovstúpenie

TRETIE SLÁVNOSTNÉ TAJOMSTVO . . . 117
Zoslanie Ducha Svätého na apoštolov a Pannu Máriu vo večeradle

ŠTVRTÉ SLÁVNOSTNÉ TAJOMSTVO . . . 123
Nanebovzatie Panny Márie

PIATE SLÁVNOSTNÉ TAJOMSTVO . . . 131
Korunovanie Panny Márie v nebi

Tajomstvá súcitu

139

PRVÉ TAJOMSTVO SÚCITU . . . 141
Milosrdný Samaritán

DRUHÉ TAJOMSTVO SÚCITU . . . 147
Vzkriesenie syna naimskej vdovy

TRETIE TAJOMSTVO SÚCITU . . . 153
Veronika utiera Ježišovi tvár

ŠTVRTÉ TAJOMSTVO SÚCITU . . . 159
Srdce pastiera

PIATE TAJOMSTVO SÚCITU . . . 165
Slepci pri Jerichu

Tajomstvá milosrdenstva

171

PRVÉ TAJOMSTVO MILOSRDENSTVA . . . 173
Márnotratný syn

DRUHÉ TAJOMSTVO MILOSRDENSTVA . . . 177
Ježiš a Samaritánka

TRETIE TAJOMSTVO MILOSRDENSTVA . . . 181
Ježiš a cudzoložnica

ŠTVRTÉ TAJOMSTVO MILOSRDENSTVA . . . 189
Ježiš a kajúci lotor

PIATE TAJOMSTVO MILOSRDENSTVA . . . 195
Peter zapiera Ježiša

Dodatok

201

Čo nám hovorí Kráľovná pokoja . . . 203
Čo nám hovoria svätí . . . 207
Svedectvá . . . 217
Ruženec pani Siemenskej . . . 221
Rodinné spomienky... . . . 225
Prisľúbenia Najsvätejšej Panny Márie tým, ktorí sa modlia ruženec . . . 233

Úvod

Prečo je modlitba ruženca najpočúvanejším programom na kresťanských rozhlasových staniciach?

Prečo je ruženec jednou z najpredávanejších nahrávok na CD?

Prečo mal veľký divotvorca páter Pio vždy v ruke ruženec?

Prečo matke Tereze z Kalkaty ruženec otváral každé dvere?

Prečo Žena, ktorá rozšliapala hlavu hadovi, tak veľmi odporúča modliť sa ruženec?

Prečo bol ruženec najobľúbenejšou modlitbou svätého Jána Pavla II.?

Prečo sa satan trasie už pri vyslovení mena Márie v modlitbe ruženca?

Prečo je ruženec modlitbou nových čias?

A čo ma priviedlo k napísaniu tejto knihy?

Uvediem jedno prirovnanie: často stretávam ľudí s rôznymi problémami a zdá sa, že ich problémy sa každým dňom ešte viac zhoršujú. My všetci sme totiž na bojisku, kde sa na nás zo všetkých strán valia šípy, ktoré nikoho nešetria. Každý deň tiež stretávam ľudí, ktorí si myslia, že sa môžu prechádzať po bojisku bez výzbroje a potom sú prekvapení, keď utržia rany, niekedy aj smrteľné. Vari nevedia, že majú k dispozícii mocnú zbraň?

Túto knihu som napísala preto, aby všetci moji čitatelia zobrali do rúk túto zbraň. Teraz prenechám slovo jej, nech vás presvedčí sama:

„Som malá, nenápadná zbraň zhotovená z korálikov navlečených na šnúrke, stojím iba euro a ľahko sa zmestím do vrecka. Dokážem však robiť veľké veci. Ako nepatrné zrnko kadidla dokáže prevoňať svojou lahodnou vôňou celý dom, tak aj ja napĺňam srdce toho, kto ma používa. Preto mám dnes milióny priateľov po celom svete. Moji priatelia sú nesmierne rozmanití a každý jeden z nich je však pre Božiu Matku dôležitý!

Niektorí ma používajú len zriedka — na tých dávam pozor, aby ma nezanechali úplne, aj keď hovoria, že ,s pobožnosťou to netreba preháňať'! Potom sú aj takí, čo si na mňa spomenú každý deň, a z nich mám veľkú radosť, lebo mi dovolia, aby som ich osobitne ochraňovala. A napokon sú tu moji ,fanúšikovia', z ktorých som úplne nadšená! To sú moji hrdinovia, lebo prostredníctvom nich zosielam na svet množstvo dobrodení. Tak veľmi si ma obľúbili, že mi dokonca robia reklamu! Vďaka nim každý deň ešte viac rozširujem svoje víťazstvá — ochranu, oslobodenia, uzdravenia, osvietenie, posvätenie, zmierenia a toľko zázrakov!

Ach, skoro som zabudla! Sú aj takí, čo si ma zavesia na spätné zrkadlo v aute, no nikdy ma nepoužívajú. Títo mi robia starosti, lebo sa ochudobňujú o moju priazeň, a to je veľká škoda! No aspoň tí, čo ma vidia takto zavesenú za čelným sklom, si pripomenú, že existujem, a to je tiež dobre. Snáď jedného dňa pochopia, že neslúžim len na okrasu...

Tá, ktorá ma vymyslela, v súčasnej dobe neúnavne pracuje.

Často svojim deťom hovorí, aká som účinná, najmä tu v Medžugorí. Vďaka nej som mohla preniknúť do mnohých rodín a upevniť ich jednotu, a dokonca som sa vrátila do niektorých kláštorov, kde už na mňa zabudli. Ona ma však nepredstavuje len ako zbraň, ale opisuje ma mnohorakým spôsobom a vďaka nej dosahujem nečakané víťazstvá. Samozrejme, všetky tieto víťazstvá sú pre jej Nepoškvrnené Srdce, ale — ako mi vysvetlila — všetko odovzdáva svojmu Synovi Ježišovi! Prostredníctvom nej teda vlastne slúžim jemu. Vďaka jej skvelému stúpencovi Jánovi Pavlovi II. svet pochopil, že stredobodom ruženca nie je ona, ale Ježiš, pretože každé tajomstvo nás ponára do dôležitého momentu jeho života. Moje víťazstvá sú jeho zásluhou. To je normálne, veď je Boh! Najviac ma na nej uchvacuje jedna vec, s ktorou sa nám zverila v Medžugorí: ‚Drahé deti, keď som bola na zemi, stále som sa modlila ruženec. Mala som neustále upriamený zrak na môjho Syna Ježiša — a to je podstata ruženca!' Vo Fatime ju dokonca nazývajú mojím menom: Ružencová Panna Mária. Nedokážem slovami opísať radosť z toho, že som súčasťou jej života. Keby som sa len mohla podeliť o túto radosť so všetkými jej deťmi bez výnimky! Poznám jednu sestru, ktorá má ešte ďaleko k dokonalosti, no je celkom na mojej strane. Prezradila mi, že túži napísať niečo o mne. Celá natešená som jej odvetila: ‚Pusti sa do toho!' Bola dosť trúfalá, lebo jej nestačilo napísať komentáre k dvadsiatim klasickým tajomstvám ruženca, ale chcela k nim pridať ešte desať — päť tajomstiev o súcite a päť o milosrdenstve. Keď som sa opýtala prečo, odvetila mi: ‚A prečo nie? Veď aj Ján Pavol II. pridal päť tajomstiev svetla!' Nechcela som jej teda protirečiť..."

Radostné tajomstvá

Aké máme šťastie, že sa môžeme s Máriou vydať na cestu Ježišovým životom! Modlitba ruženca nás totiž privádza na ozajstnú cestu, počas ktorej budeme spolu objavovať nepreskúmané miesta a šíre obzory dosiaľ nepoznané naším vnútorným zrakom. Cez jednotlivé tajomstvá nám Mária predstaví svoj rodinný album — obrazy zo života tej najkrajšej rodiny na svete. Odhalí nám cestu, ktorou kráčal jej Syn, a jej najdojemnejšie udalosti. Vstúpme do jeho intimity, zastavme sa pri významných momentoch prvých rokov Ježišovho života, aby sme pochopili a dychtivo vstrebali aj najmenšiu čiastočku tejto čírej božskej radosti! Nič nám neunikne, lebo naše srdce, unavené z pominuteľných radostí tohto sveta, vrúcne túži po prameni živej vody, z ktorej môže načerpať ozajstnú radosť.

Ó, Mária, naše srdce je pripravené. Vezmi nás za ruku, veď nás a odhaľ nám svoje radosti!

PRVÉ RADOSTNÉ TAJOMSTVO

Zvestovanie Panne Márii

Poďme spolu do Izraela, do mestečka Nazaret. Býva tu mladé neznáme dievča menom Myriam, čiže Mária. A ja som malé, sotva trojročné dieťa. Trojročné deti sú však veľkí mystici. S ľahkosťou vlastnou deťom tajne vkĺznem do Máriinej izby — a čo vidím? Nádherné mladé dievča, asi štrnásťročné. Musím uznať, že som očarený. Priťahovaný neodolateľnou krásou a jemnosťou, ktoré z nej vyžarujú, bežím k nej a vrhnem sa jej do náručia. Svojimi detskými tykadlami som všetko pochopil: vnímam jej otvorené srdce, ktoré prekypuje nežnosťou.

Poznáte deti, nič im neunikne! Hneď pochopia, či sú prijaté a vytúžené, alebo nás unavujú a radšej by sme mali od nich pokoj. Tu však, len čo ma zazrela vo dverách, hneď som vycítil, že ma rada vidí. V jej náručí je mi tak dobre! Kochám sa jej krásou a nežnosťou, akú som ešte nikdy nezažil. Ešte viac sa k nej pritúlim, chytím ju za ruku a nič nevravím; ešte nikdy som necítil takú blaženosť. Netreba nič hovoriť, nemusím jej vysvetľovať, kto som a odkiaľ prichádzam. Som obyčajné dieťa. Držiac ju za ruku cítim všetok pokoj, ktorý vládne v jej srdci, a tento pokoj do mňa prúdi ako rieka a napĺňa ma. Rozhodol som sa, že už nikdy nepustím ruku tejto Panej!

Keď malá Jacinta z Fatimy prvýkrát uvidela Pannu Máriu, bola rovnako očarená. Mala sotva šesť rokov. Po zjavení stále opakovala: „Ach, aká krásna Pani! Aká krásna Pani!" To je jediné, čo dokázala povedať, a vyjadrila tým všetko!

Aj ja hovorím to isté v Máriinej izbe: „Aká krásna Pani!" Pevne sa viniem k nej a cítim, ako ma napĺňa jej pokoj, ktorý tak veľmi potrebujem!

Nemôžem tomu uveriť: prišiel som práve vo chvíli zvestovania! (porov. Lk 1, 26-37) Celkom nečakane k nej prichádza anjel a prihovorí sa jej. Určite jej zvestuje nejakú dôležitú novinu! Keďže ju ešte stále držím za ruku, cítim, že sa celá chveje od silného dojatia. Mária sa práve dozvedela, že Boh si ju vyvolil, aby sa stala matkou Mesiáša. Ako by nebola rozochvená! Veď spomedzi všetkých žien si nebeský Otec vybral práve ju, aby sa stala matkou jeho jediného Syna, očakávaného Mesiáša, ktorý spasí svet. V tej chvíli sa zmenili dejiny celého sveta! Ako držím jej rozochvenú ruku, aj mňa zachváti nevýslovná radosť a srdce mi bije ako zvon!

Vnútorným zrakom pozorujem malého Ježiška, ktorý sa pôsobením Ducha Svätého práve zrodil v lone Panny Márie.

Ach, aký je Ježiško šťastný! Už od vekov čakal na túto chvíľu! Nevedel sa dočkať tohto dňa, ktorý konečne prišiel! Mária vyslovila svoje ÁNO a hľa, prichádza, už je tu! Postavil si svoj stánok medzi nami a plesá od radosti v lone svojej matky. Prvú etapu má za sebou, konečne nás bude môcť spasiť! Ako len horí láskou!

Pri vrúcnej modlitbe tohto desiatku sa nechám zaplaviť a prenikať Ježišovou láskou, nasajem do seba radosť samotného Krista, ešte malého embrya. Ťažko si predstavíme hĺbku tejto skutočnosti. Boh sa stal človekom! On, čistý duch, berie na seba našu ľudskú prirodzenosť. Z nekonečnej lásky sa chce stať jedným z nás, aby žil uprostred nášho zraneného ľudstva. Nemohol sa zmieriť s predstavou, že by nás nechal samých ako vyhnancov na zemi.

Zároveň vnímam aj radosť nebeského Otca a anjela Gabriela, keď počuli to vytúžené ÁNO, na ktoré čakali od vzbury človeka v rajskej záhrade. Celý šťastný zatváram oči, modlím sa *Zdravas* a Mária mi odhaľuje svoj najvzácnejší poklad — svojho syna Ježiša! Moje srdce je teraz úplne zjednotené so srdcom Márie. V jej náručí sa obohacujem jej nežnosťou a Boh má z toho veľkú radosť. Otváram svoje srdce ako nikdy predtým, aby doň mohli preniknúť všetky tieto poklady a aby som z nich mohol ďalej rozdávať.

V každom desiatku sa pomodlím jedenkrát *Otče náš*, desaťkrát *Zdravas* a jedenkrát *Sláva Otcu*.

DRUHÉ RADOSTNÉ TAJOMSTVO

Navštívenie Alžbety

Práve sme vyšli z Nazareta a vydávame sa na cestu do mestečka Ain Karim, kde býva Alžbeta a Zachariáš. Ešte stále som to trojročné dieťa, ktoré zviera ruku Panny Márie a za nič na svete ju nechce pustiť. Tento obraz mi pripomína Matku Terezu z Kalkaty, ktorá už ako osemdesiatročná rozprávala jednému priateľovi: „Keď som mala asi päť alebo šesť rokov, chodievala som s mamou pracovať na pole. Jedného dňa sme sa vydali z domu do jednej vzdialenej dediny. Držala som mamu za ruku v úplnej dôvere, lebo som vedela, že dokonale pozná cestu. Zrazu sa zastavila v strede chodníka a vážnym hlasom mi povedala: ‚Dcéra moja, cítiš sa bezpečne a isto, však? Vieš, že poznám cestu a že so mnou sa nestratíš. Aj neskôr v živote, keď už tu ja nebudem, rob to isté! Vždy sa drž za ruku svojej nebeskej Matky, Panny Márie a nepúšťaj sa! Ona ťa bude sprevádzať a privedie ťa k Ježišovi do neba.'" Matka Tereza dodáva: „Poslúchla som maminu radu a dodnes to neľutujem. Panna Mária ma vždy sprevádzala a nikdy ma neopustila!" Ak by sa nám niekedy stalo, že počas dňa pustíme ruku Panny Márie, ruženec bude pre nás skvelou príležitosťou znova ju chytiť, pevne zovrieť a nikdy viac ju nepustiť.

Ako tak spolu kráčame, všimnem si, že Mária v sebe nosí veľké tajomstvo: v jej lone prebýva sám Boh. Je matkou sotva pár dní. Ponáhľa sa, po anjelovom zvestovaní akurát stihla s Jozefom nájsť karavánu, s ktorou sa dostane do Ain Karimu, kde býva Alžbeta. Vydáva sa na cestu poháňaná láskou.

Čo Mária prežívala? Niektoré ženy mi rozprávali, že keď zistili, že čakajú bábätko, pocítili v sebe radikálnu zmenu. Jedna priateľka sa mi zdôverila, že v prvých mesiacoch tehotenstva sa zmenil jej vzťah k vlastnému telu. Bola oveľa opatrnejšia a dokonca aj doma si dávala veľký pozor, aby nerobila žiadne prudké pohyby. Cítila, že jej telo už nepatrí len jej, ale aj malému bezbrannému dieťatku, ktoré v nej rástlo. Mária, dokonale čistá a nepoškvrnená, bola na túto prítomnosť ešte vnímavejšia.

Cesta z Nazareta do Ain Karimu je dlhá; Mária bude musieť prejsť takmer 180 km, čo je asi päť dní cesty. Ja putujem spolu s ňou, celý natešený z takej veľkej výsady! Snažím sa odhaliť to veľké tajomstvo, ktoré v sebe ukrýva: kráča po ceste celá pohrúžená do modlitby, zahĺbená do svojho vnútra, akoby obklopená pokojom.

Keď matka nosí pod srdcom malého človiečika, je to vždy veľké tajomstvo. Dnes už to psychológovia vedia a dosvedčujú: už od počatia, keď sa dieťa zahniezdi v lone matky, hoci je v tej chvíli jeho teličko ešte maličké, jeho duša je už plne prítomná. „Maličká duša" neexistuje. Toto dieťa už má „vedomie lásky", ktoré je neoddeliteľnou súčasťou jeho duše. Dosvedčuje to aj Duch Svätý ústami prorokov. Toto nesmierne vnímavé vedomie lásky nezávisí od telesného veku. Len čo dieťa vyjde z dlaní svojho Stvoriteľa, jeho duša je ako silný a citlivý reproduktor — dieťa už dokáže intenzívne trpieť alebo pociťovať veľkú radosť. Vďaka svojmu vedomiu lásky dieťa zachytáva matkine pocity, vníma, či sa matka cíti dobre alebo zle, či prijíma život, ktorý v sebe nosí, alebo ho odmieta, či dobre prežíva svoju ženskosť alebo má s touto oblasťou problém. Dieťa je veľmi citlivým senzorom duchovného a citového života. Hneď pochopí, či v tom malom stánku, kde bude deväť mesiacov prebývať, vládne pokoj alebo nepokoj, nenávisť alebo láska, zatrpknutosť alebo prívetivosť, strach, úzkosť alebo vyrovnanosť. Vníma dokonca aj to, či predchádzajúce tehotenstvo matka prežívala v pokoji alebo či išla na potrat.

Samozrejme, embryo ešte nemá vyvinutý mozog, aby myslelo, ale kdesi v hĺbke to všetko cíti vďaka tykadlám svojej duše, a to oveľa viac, než by sme si mysleli! Je preto nesmierne dôležité, aby matka hneď ako zistí, že je tehotná, chránila dušu svojho dieťaťa. Stačí, aby ho s láskou prijala, prihovárala sa mu, modlila sa s ním a najmä, aby ho už považovala za malého človeka — hoci krehkého, ale skutočného, a aby mu poskytla všetko šťastie a lásku, ktoré potrebuje. Takto mu pomáha rásť v harmónii, ktorú doňho Stvoriteľ vložil, a napomáha jeho budúcej rovnováhe.

Teraz už chápeme, prečo je také dôležité, aby otec a matka udržiavali v rodine harmóniu a vytvárali atmosféru radosti a pokoja počas celého tehotenstva. Malé embryo dobre vníma očakávanie matky a jej nadšenie z tohto nového života, ktorý sa rozvíja v skrytosti.

Teraz sa na chvíľu zastavme a držiac Máriu za ruku si predstavme úplne prvú komunikáciu medzi Máriou a jej synom. Aká neuveriteľná výmena lásky! To pochopíme až v nebi. Dokážeme si predstaviť rozhovor medzi matkou plnou lásky a jej dieťaťom, ktoré je Láska sama? Aké tajomstvo! Aká vznešenosť! Aký neobyčajný vzťah sa v tej chvíli zrodil! A ja, kráčajúc po jej boku, som ponorený do tohto vzťahu a cítim, že sa ma to týka, lebo Mária má pre mňa odkaz. Ona totiž ku mne aj ku každému z nás cíti rovnakú materinskú lásku, rovnakú nekonečnú nežnosť, akú cíti k malému Ježiškovi. Mária, ktorá nosila Božské Dieťa vo svojom lone, rovnako intenzívne miluje všetky svoje deti, ani o kúsok menej! „Drahé deti," hovorí Panna Mária, „každého z vás milujem tak, ako milujem svojho Syna Ježiša!" (POSOLSTVO DANÉ JELENE VASILJOVEJ)

Veľký mariánsky ctiteľ, svätý Bernard z Clairvaux, povedal: „Kým sme na zemi, ešte sme sa nenarodili. Narodíme sa, až keď prídeme do neba. Na zemi nás nosí vo svojom lone Matka Božia."

Naša cesta pokračuje ďalej, až nakoniec prídeme k Zachariášovi. Počujem, ako dojemne Alžbeta pozdravuje Máriu, svoju mladšiu sesternicu: až sa celá chveje od radosti! Nie je to však len čisto ľudská radosť, ako keď človek opäť vidí niekoho z rodiny... Jej radosť je celkom božská, je to tá istá radosť, akú neskôr pocítia apoštoli v deň Turíc; radosť, ktorá oslobodzuje srdce a nabáda hovoriť v mene Boha. Alžbeta sa v okamihu stáva prorokyňou. Svätý Lukáš píše:

> „Len čo Alžbeta začula Máriin pozdrav, dieťa v jej lone sa zachvelo a Alžbetu naplnil Duch Svätý. Vtedy zvolala veľkým hlasom: ,Požehnaná si medzi ženami a požehnaný je plod tvojho života. Čím som si zaslúžila, že matka môjho Pána prichádza ku mne? Lebo len čo zaznel tvoj pozdrav v mojich ušiach, radosťou sa zachvelo dieťa v mojom lone.'"
> (LK 1, 41-44)

Kto ako prvý zachytil príchod Ducha Svätého prostredníctvom Márie? Alžbeta alebo jej dieťa? Ako dobre viete, bol to malý

Ján! Ale ako mohol tento chlapček vnímať prítomnosť svojho Boha ešte skôr ako jeho matka? Veď v Alžbetinom lone nič nevidel ani nepočul... A predsa to vedel! Tykadlá jeho vedomia lásky zarezonovali! Ako úžasne dokážu malé deti vďaka svojim špeciálnym tykadlám vnímať Ducha Svätého ešte skôr ako my „veľkí"! Ako veľmi si musíme vážiť týchto maličkých Božích miláčikov, ktorým ako prvým patrí Božie kráľovstvo! Svätá Alžbeta a jej syn sú odteraz naplnení Duchom Svätým. Jánova matka, ktorá v lone nosila najväčšieho zo všetkých prorokov a Hlas volajúceho na púšti, ako prvá vyslovila druhú časť *Zdravasu*, ktorú sa modlíme aj my. Takúto moc mala návšteva Márie, ktorá v sebe nosila Ježiša. Mária nám vždy prináša Ježiša a spolu s ním aj Božiu radosť!

Pri tomto desiatku, ktorý sa teraz pomodlím z celého srdca, sa nechám zaplaviť tou nesmiernou materinskou láskou, ktorá ma prišla navštíviť. Čo sa so mnou bude diať? Mohlo sa stať, že som bol v lone matky zranený, lebo som bol už jej ôsme, či dokonca desiate dieťa; alebo moja mama bola chorá, keď ma počala, a povzdychla si: „Ale nie, teraz nie je vhodný čas!". Možno ju môj otec bil alebo ju opustil a nenechal žiadnu adresu, alebo sa ocitla v zúfalej finančnej situácii... Skrátka, nebol práve vhodný čas, aby som sa narodil, a moja mama možno pomyslela na potrat. Nechcem tu vymenúvať všetky možné scenáre, ale uvažujme: ak si matka neuvedomuje, že život je veľký dar, aké to bude mať následky na jej dieťa? Zakúsi odmietnutie zo strany matky a z toho usúdi, že jeho život za veľa nestojí. Bude pociťovať strach, že ho vyhostia z jeho malej skrýše ako čosi, čo tam nepatrí. Bude vnímať, že jeho prítomnosť je omyl, a to mu spôsobí hlboké zranenie.

Pomyslime na to dieťatko: v tejto fáze svojho života nemá nikoho, kto by ho ľúbil, iba svoju mamu — a tak veľmi ju potrebuje! Možno ja sám som takéto dieťa, ktoré utrpelo traumu kvôli nedostatku lásky alebo odmietnutiu! Moja mama možno prežívala strach a na mňa doľahla jej úzkosť. Preto som sa utiahol do kútika tohto malého svätostánku a nechcel som prísť na svet, chcel som radšej zomrieť, zaniknúť. Táto trauma, ktorú si vedome nepamätám, sa určite v dospelosti odrazila na mojom živote, napr. neschopnosťou nadväzovať zdravé vzťahy s ľuďmi, homosexualitou alebo obavou z toho, že nič nedokážem, odmietaním jedla alebo potrebou stále jesť, strachom z budúcnosti či psychickými poruchami, problémami v škole, sústavnými zlyhaniami, strachom z manželstva či sexuálnymi poruchami, ktoré vo veľkej miere postihujú túto generáciu. Keďže Boh je Láska a Život, v ňom sa tieto dva atribúty spájajú v jedinú skutočnosť. Vyvolil si však moju matku, aby spolupracovala na mojom stvorení — ona je spolutvoriteľkou spoločne s mojím Stvoriteľom. Ak mi dáva život bez lásky, spôsobuje mi tým hlboké zranenie.

Svoj vzťah s pozemskou matkou preto zverím Márii. Jej môžem odovzdať všetko, čo som prežil. Z jej rúk prijímam všetko a ona ma objíme ako objala Alžbetu a jej dieťa. Mária veľmi rada doplní všetky moje nedostatky a vynahradí mi všetko, čo mi chýba. Uzdraví ma z frustrácie. Ona totiž dokáže zmierniť, upokojiť a utíšiť všetky bolesti a utrpené násilie. Takúto úžasnú moc má Máriino navštívenie.

V Medžugorí nám Panna Mária prezradila tajomstvo nášho vnútorného uzdravenia: „Drahé deti, tak ako som nosila Ježiša vo svojom lone, tak chcem nosiť každého z vás na ceste k svätosti." A takisto: „Drahé deti, každého z vás milujem tak veľmi, ako milujem svojho Syna Ježiša." (posolstvo dané Jeleninej modlitebnej skupine) To je neuveriteľné! Takže nič nie je stratené, ešte stále môžem zakúsiť tú materinskú lásku, po ktorej som tak vrúcne túžil. Mária mi dáva všetku svoju materinskú nehu, takú istú, akú dáva svojmu malému Ježiškovi, o nič menšiu! Táto čistá a nefalšovaná nežnosť mi prinesie hlboké uzdravenie. Božia Matka vyniká tým, že dokáže zaplniť prázdnotu môjho srdca, ktorá mi spôsobuje hlboké utrpenie, a uzdraviť ma z frustrácie, ktorou ma nakazil Zlý, aby mi zobral aj to málo pokoja, ktoré mám. Zlý je totiž ten, kto je skutočne najviac „frustrovaný", ako hovorievala svätá Terézia z Avily, a chce nás nakaziť svojím smrteľným jedom.

Možno som v detstve trpela nedostatkom lásky a pozornosti, ale čo ak som ani ja nedala dosť lásky svojim vlastným deťom? Možno som išla na potrat alebo som inej matke dopomohla k potratu, alebo som podľahla vydieraniu zo strany otca môjho dieťaťa, ktorý odmietal život. Možno som prinútila svoju dcéru k potratu slovami: „Veď máš iba štrnásť rokov. Si ešte príliš mladá na dieťa a nechceme mať v rodine problémy..." A hoci mladá mamička nechcela zabiť svoje dieťa, nátlak rodičov ju k tomu donútil. Samozrejme, mám na mysli aj otcov.

Nechám sa deň za dňom uzdravovať a urobím tým veľkú radosť mojej nebeskej Matke. Prišla za mnou s jediným úmyslom: darovať mi svojho Syna, ktorý zmýva hriechy a prináša spásu, takisto ako keď navštívila Alžbetu. Spolu s Máriou budem chváliť a velebiť najvyššieho Boha, lebo vykonal zázraky v mojom živote. Aj ja som blahoslavený, lebo Ježiš ma spasil a budem s ním vo večnosti.

Pri tomto desiatku zatvorím oči a znovu sa stanem malým bábätkom. Dovolím svojej nebeskej Matke, aby urobila zázrak, aby ma navštívila v najtajnejších zákutiach môjho ja. Na tomto mieste odporúčam modlitbu k malému Ježiškovi, ešte ukrytému v lone Márie.

Ó, DRAHÝ JEŽIŠKO, schúlený v lone tvojej nepoškvrnenej Matky, prichádzam ťa navštíviť. Potrebujem s tebou hovoriť. Chcem ti v prvom rade povedať, ako žasnem nad tým, že sám Boh si zobral naše telo, také krehké a zraniteľné. Urobil si závratný skok z nebeskej nádhery, kde si prebýval spolu s Otcom, aby si zobral na seba našu úbohú ľudskú prirodzenosť a podstúpil s nami všetky riziká... Hlboko sa pred tebou skláňam! Ako by som ťa nemiloval? Ako by som k tebe necítil nekonečnú lásku už v stave oplodneného vajíčka, embrya, plodu, nenarodeného dieťaťa ešte prv, ako som uzrel tvoju tvár v biednej betlehemskej maštalke! Áno, milujem ťa, lebo si to urobil z lásky ku mne, k mojej rodine, k celému ľudstvu. Prišiel si nás vyslobodiť z nášho bahna, pozdvihnúť nás k sebe a darovať nám radosť z večného života v tvojej prítomnosti. Iba ty sám, Ježišu, si mohol vymyslieť také bláznovstvo! Ty nás však neprestávaš udivovať!

Vieš, Ježišu, moja návšteva je tak trochu zištná, nebuď z toho prekvapený. V dnešnom svete sú milióny takých maličkých bábätiek ako ty, ktoré sú ukryté v lone svojej matky. Sú to tvoje poklady, Ježišu! Ich anjeli v nebi ustavične kontemplujú tvár tvojho nebeského Otca. Na zemi niet nevinnejších stvorení ako sú ony. Ty to vieš, Ježišu — všetci dostali dar života, no nie všetci dostali dar lásky. Niektorí prekypujú radosťou, lebo pociťujú lásku svojej mamy, no iní sa pýtajú, načo sú vôbec tu, lebo sa cítia neprijatí.

Ježišu, ty si zároveň Život aj Láska. Prosím ťa, navštív ich všetkých! Navštív maličkých, ktorí sa radujú z toho, že sú milovaní, a navštív aj tých, ktorí trpia, lebo dostali život bez lásky. Ty si taký maličký, že tvoja prítomnosť ich nevystraší, práve naopak! Príď ich navštíviť tam, kde sú, v tých krehkých svätostánkoch ľudského života, kde pomaly rastú. Si rovnako malý ako oni, buď ako ich božské dvojča! Svojimi tykadlami, ktoré sú mimoriadne citlivé vďaka ich nevinnosti, vnímajú dušu svojej matky a tiež svojho Stvoriteľa. Využi to, Ježišu! Povedz im, že sú ti nekonečne drahí, že v nich vidíš svoj vlastný obraz a ako sa tešíš na to, keď vyrastú a stanú sa naplno tým, čím sú v tvojom pláne lásky!

A ak musia byť prirodzene alebo násilne vytrhnutí zo svojho skromného úkrytu, ó, sladký Ježišu, počuj ich výkrik úzkosti a zaplav ich svojou nesmiernou láskou! Uzdrav ich zranenia! Nech sa im stane podľa tvojho slova, Ježišu: „Otče, chcem, aby aj tí, ktorých si mi dal, boli so mnou tam, kde som ja!" Nech táto záplava lásky naplní aj srdcia tých, ktorí sa rozhodli ich potratiť, aby sa vrhli do náručia tvojho milosrdenstva.

Ó, malý Ježiško ukrytý v Márii, ako ti len môžem poďakovať, že si ma navštívil v lone mojej matky, keď ma s mojím otcom zasvätila tvojmu Najsvätejšiemu Srdcu a Nepoškvrnenému Srdcu Panny Márie! Daj, aby tak urobili všetci rodičia a odožeň od nich vlkov, ktorí chcú uchmatnúť a zožrať ľudské deti!

Ó, maličký Ježiško ukrytý v Márii, vypočuj moju pokornú modlitbu za tých, čo sú ti podobní. A v deň Vianoc sa príď narodiť do môjho srdca, ktoré túži po tebe a očakáva ťa väčšmi ako strážcovia dennicu! *Marana tha!*

TRETIE RADOSTNÉ TAJOMSTVO

Narodenie Ježiša v Betleheme

Stále som malým dieťaťom a nepohol som sa od Márie ani na krok. Teraz sa nachádzame v betlehemskej maštaľke; je to extrémne biedny príbytok a bol by som veľmi smutný na tomto studenom a tmavom mieste, keby ma neupútal jeden neobyčajný detail: dieťa uložené v jasliach! Keď sme malí a celý čas nás oblokopujú obri, sme radi, keď nájdeme niekoho, kto je ešte menší od nás. Prichádzam bližšie a s úžasom hľadím na to malé bábätko v jasličkách. Nevie ešte hovoriť ani chodiť, na rozdiel odo mňa, trojročného. Sledujem túto rodinu, v ktorej vládne nekonečná láska. Ako dobre, že som sa nechal viesť Máriou za ruku! Teraz som tu pri novonarodenom bábätku, v prítomnosti jeho matky a otca — našiel som svoju rodinu! V tejto maštaľke vládne taká silná láska, že satan sem nemohol nikdy vstúpiť, nikdy sa mu nepodarilo preniknúť do svätej rodiny: je tu priveľa lásky! Pozorujme členov tejto dojímavej rodiny: Jozef, spravodlivý, plný nehy a horiaci láskou k Márii; Mária, Nepoškvrnené počatie, bez najmenšej známky sebectva, ktorá horí láskou k Ježišovi; a Božské Dieťa, ktoré je stelesnená Láska a horí láskou k celému svetu. Predstavme si na chvíľu ten oheň lásky a nehy, ktorý ich zjednocuje! Panna Mária v Medžugorí pozýva rodiny, aby sa pripodobňovali betlehemskej rodine a dodáva:

„Drahé deti, akí sme len boli šťastní, keď sa narodil môj Syn! Nech sú aj vaše rodiny rovnako šťastné, ako sme boli my šťastní v maštaľke!" (POSOLSTVO MODLITEBNEJ SKUPINE 14. DECEMBRA 1991)

Pri modlitbe tohto desiatku upriamim pozornosť na malého Ježiška, jeho najsvätejšiu Matku a svätého Jozefa a nechám sa premieňať silou tejto lásky!

Panna Mária hneď uhádne moju túžbu: vidí, že ma neodolateľne priťahuje toto Dieťa. Vezme ho teda do náručia, pobozká ho a— na moje veľké prekvapenie—čo urobí? Položí mi ho do mojich malých vystretých rúk, dáva mi svoje Dieťa! Priviniem si novonarodeného Ježiška k srdcu a hľadím naňho. Mária mi ho nepožičiava, ona mi ho dáva! Priviedla ho na svet kvôli mne, aby mi ho darovala ako Spasiteľa, dáva mi ho navždy. V Medžugorí nám Mária v jednom vianočnom posolstve povedala: „Drahé deti, dnes som prišla spolu so svojím Synom, aby vás požehnal" a v inom posolstve: „Drahé deti, dajte malého novorodeného Ježiša na prvé miesto vo svojom živote a on vás povedie cestou spásy." (25. DECEMBRA 1999) Mária nám dáva Ježiška, aby sme ho dali na prvé miesto.

Pri modlitbe desiatku o Ježišovom narodení si priviniem malého Ježiška k srdcu, a tak získam veľa uzdravenia. Ak je pravda, že sa stávame tým, na koho upierame svoj zrak, čo potom získame kontemplovaním novonarodeného Ježiška? Všetku jeho nevinnosť! Privinutý na mojom srdci mi môže odovzdať ducha svojho detstva. Tam, kde som nečistý, komplikovaný alebo príliš racionálny, tam sa moje srdce naplní láskou, nevinnosťou a krásou, ktoré mi daruje malý Ježiško.

Čo tým však Mária myslí, keď nás pozýva, aby sme ho dali na prvé miesto?

V prvom rade ho musím chrániť ako otec a matka. Keď ste si priniesli domov svoje bábätko z pôrodnice, vari ste neobrátili celý dom naruby a nezmenili ste svoje staré zvyky? Už žiaden krik, búchanie dverami ani hlasné výmeny názorov. Len potichu, opatrne... Vari sa nestalo dieťa stredobodom vašich myšlienok? Každá matka má v sebe malý alarm, ktorý jej pripomína: „Čo moje dieťatko teraz potrebuje?" Keď ste mali doma také malé a zraniteľné bábätko, vari ste nedali na prvé miesto jeho potreby?

A presne toto si praje Panna Mária: aby sme sa takto správali k jej Synovi Ježišovi! Ona veľmi dobre vie, že ak nám ho zverí ako bábätko, budeme ho musieť nosiť na rukách, brať ho so sebou a budeme musieť naňho dávať pozor, lebo bábätko sa samo o seba nevie postarať. Dáme ho teda na prvé miesto a svoj život prispôsobíme jeho potrebám. Mária nám ho zveruje, aby u nás býval a aby nám zmenil život!

Prosím vás: majte Ježiška vo svojom náručí, nechajte si ho po celý život a nielen počas jedného desiatku. Priviňte si ho k srdcu a položte si otázku: čo teraz potrebuje môj Ježiško? Bábätko nevyhnutne potrebuje mlieko, pohladenia a tiež počuť hlas svojej matky alebo blízkej osoby. Je hladný? Tak dám jesť chudobnému, lebo keď nasýtim chudobného, nasýtim tým Ježiša. Je smädný po láske? Pokúsim sa teda rozdávať lásku okolo seba, lebo Ježiš nám hovorí: *„Čokoľvek ste urobili jednému z týchto mojich najmenších bratov, mne ste urobili."* (PORoV. MT 25, 40) Bábätko tiež potrebuje počuť hlas svojej matky, aby sa cítilo v bezpečí, aby cítilo, že patrí do rodiny, do určitej skupiny, aby sa necítilo osamelé a opustené. Hlas matky ho formuje; je to hlas, ktorý mu opakuje to isté, hlas, ktorý ho postupne vychováva a buduje. Ako môže počuť môj hlas? Predsa v modlitbe! Budem sa teda modliť, lebo modliť sa znamená milovať malého Ježiša, dávať mu mlieko, ktoré potrebuje, čas, úsmev a objatie, ktoré si vyžaduje. Bábätko tiež potrebuje materinskú nehu, ktorá sa prenáša pohľadom, potrebuje dotyky a pohladenia! Ako môžem pohladkať Ježiška? Tým, že prídem k núdznemu, ktorý ma potrebuje, k bedárovi, ktorý možno ani nemá silu o to požiadať...

Mária nám hovorí: „On vás bude viesť po ceste spásy." To je on, toto bábätko je naším vodcom! Tak veľmi ho chceme milovať! Nestačí však povedať: „Ach, aký si roztomilý! Aký si krásny! Ako ťa ľúbim!" Toto dokážu aj pohania. My ho musíme milovať naozaj, milovať ho božskou láskou, tou láskou, po ktorej túži. V evanjeliu nám Ježiš podáva definíciu toho, kto miluje: *„Kto má moje prikázania a zachováva ich, ten ma miluje."* (Jn 14, 21)

Keďže je naším vodcom, stačí, ak si ho naozaj zvolíme za svojho jediného vodcu. Napríklad, ak si musíme niečo vybrať alebo musíme urobiť nejaké rozhodnutie, nepýtajme si radu od priateľov, či dokonca od astrológa, veštice alebo im podobným, ale vstúpme do svojho srdca, kde prebýva Ježiš, a spýtajme sa ho: „Ježišu, aká je tvoja vôľa v tejto situácii? Čo si o tom myslíš? Aký je tvoj plán?" Verte mi, že v modlitbe dostanete odpoveď!

Mária nám hovorí: „Drahé deti, osobitne vás pozývam: modlite sa, lebo iba modlitbou dokážete ovládnuť svoju vôľu a odhaliť Božiu vôľu aj v najmenších veciach." (25. MARCA 1998)

Prorok Izaiáš povedal: *„Drobný chlapček ich bude zavracať."* *

---

* vo franc. verzii *„Un petit garçon les conduira."* — doslovný preklad je *„Drobný chlapček ich bude viesť."* Pozn. preklad.

(Iz 11, 6) V dnešnej dobe je ťažké nájsť dobrých duchovných vodcov, tak prečo sa nenecháme viesť malým Ježišom? K tomuto nás pozýva Panna Mária v Medžugorí. Netvrdím, že nám odpovie cez sms alebo WhatsApp, možno ani nebudeme počuť jeho hlas, ale nech už ho požiadame o čokoľvek, ak chceme naozaj plniť jeho vôľu, on sám nasmeruje našu dušu k jeho vôli a našu myseľ povedie tým správnym smerom. Veď jeho najväčšou túžbou je priviesť nás do neba! Otvorme sa duchu jeho detstva, jeho nežnosti a nevinnosti a nechajme sa prežiariť jeho prítomnosťou! Všimli ste si, že aj tí najtvrdší chlapi sa rozcítia a stávajú sa nežnými, keď vezmú na ruky novorodenca?

Pri tomto desiatku budem potešovať Ježiška a opakovať tieto slová:

„Ježiško, odteraz budeš mojím vodcom! Keď sa budem musieť rozhodnúť, budem sa radiť iba s tebou! Sľubujem, že odo dneška ťa budem nasledovať, budem kráčať v tvojich šľapajach a budem počúvať tvoje vnuknutia. Milujem ťa a nikdy viac ťa neopustím! Zostanem navždy v tvojom objatí! Ježiško, potrebujem ťa! Ty si moja betlehemská hviezdička!"

Modlitba k novonarodenému Ježiškovi

Ó, Ježiško, milujem ťa! Hľadím na teba a vidím ťa takého maličkého, nevinného a zraniteľného... A predsa, ty si môj Pán a Boh! Spolu s Máriou, Jozefom a betlehemskými pastiermi aj ja sa ti prichádzam pokloniť. Nech sa moje srdce stane tvojimi jasličkami, príď a prebývaj vo mne! Ježiško, Herodes ťa chcel zabiť, zatiaľ čo ty si nás prišiel spasiť. Ochraňuj ma od každého hriechu a od každého skutku, ktorý by ťa mohol uraziť v mojom živote. Naplň moju dušu láskou a Božím pokojom, po ktorom tak veľmi túžim. Ach, tak veľmi by som ťa chcel vziať do náručia ako tvoja matka Mária a zahrnúť ťa nežnými bozkami! V Betleheme bola zima a tebe bolo chladno: chcel by som ťa zahriať piesňami mojej duše. Nech sa každý skrytý skutok lásky premení na steblo slamy, ktoré prispeje k tvojmu pohodliu a bude ťa hriať. Ochraňuj ma pred satanom a nedovoľ mu zasiať nenávisť a nejednotu do mojej rodiny. Príď obnoviť lásku medzi nami. Nech tvoja nevinnosť porazí zlo! Veľmi ťa prosím, Ježiško, uzdrav rany môjho srdca a vylieč moje choroby! Božský pastierik, daj, nech nás vždy sprevádza tvoje požehnanie! Veď nás cestou spásy!

ŠTVRTÉ RADOSTNÉ TAJOMSTVO

Obetovanie Ježiša v chráme

Všimli ste si, že v každom desiatku dostávame od Boha úžasné dary? Každý desiatok nám totiž prináša nové milosti a Boh nám ich s radosťou dáva! Aký dar pre nás Boh pripravil v tomto desiatku? Skôr ako to zistíme, chcem vám ešte raz pripomenúť jednu vec: keď vyberáme z vrecka ruženec, zovrime ho na chvíľu v ruke a uvedomme si, že to nie je len obyčajný predmet, ale v skutočnosti je to ruka Panny Márie. Chyťme ju teda za ruku a nikdy viac ju nepustime! Keď beriem do rúk ruženec, chytám sa Máriinej ruky!

Putujeme ďalej so svätou rodinou a z Betlehema kráčame do Jeruzalema. Nachádzame sa pred chrámom. Je taký majestátny! Vidím Pannu Máriu, ako podíde k Jozefovi a položí na oltár Dieťa. Všetko pozorne sledujem — a čo nevidím? Mária obetuje svojho Syna Bohu Otcovi. Toto dieťa dostala ako dar vo veľmi mladom veku a mohla povedať: „Je to môj Syn, Boh mi ho daroval!" No tak ako Abrahám položil na oltár Izáka (AJ JEHO DIEŤA BOLO VEĽKÝM DAROM OD BOHA), tak aj Mária kladie svoje Dieťa na oltár. Tu však nepríde anjel, aby zabránil obete nevinného. V tomto prípade je obetou Boží Syn a Mária vytrvá až do konca. Obeta Abraháma a Izáka bola len predobrazom obety Ježiša! A Mária to vie...

V tomto jednoduchom geste, keď položila svoje Dieťa na oltár, Mária ukázala svoju ozajstnú lásku k Ježišovi; miluje svojho Syna božskou láskou a preto sa mu úplne podriaďuje, aby mohol naplno uskutočniť svoje poslanie Vykupiteľa sveta. Z lásky sa preňho obetuje. Dieťa Ježiš, ktorého prináša do chrámu, je povolané k tomu, aby sa stalo Vykupiteľom sveta — a už ním aj je!

Žasnem nad Máriinou čistotou a vážnosťou: pozrie sa na mňa, potom ma pozve, aby som prišiel bližšie, a teraz stojím pri oltári a celým srdcom prijímam jej učenie. Z tohto jej slávnostného gesta som pochopil, čo znamená milovať niekoho Božou láskou. Tento okamih je pre mňa kľúčový. Mária nám v Medžugorí hovorí: „Drahé deti, rozhodnite sa pre lásku, aby láska prevládala vo všetkých vás, avšak nie ľudská láska, ale láska Božia!" (20. NOVEMBRA 1986) Božia láska je obetavá, vyžaduje sebadarovanie, usiluje sa o šťastie druhých, o to najväčšie šťastie, ktoré je pre nich pripravené!

Mária si nenechá svojho Syna iba pre seba, čo je pokušením pre mnohé matky. Tým, že svojho Syna obetovala Otcovi, Mária dokazuje, že je celkom podriadená Božiemu plánu kvôli tomu, ktorého miluje — toto je Božia láska! Je pripravená vytrvať až do konca za každú cenu. Mária je Sídlom múdrosti, dobre pozná Sväté písmo a vie, aké utrpenie čaká na Služobníka, ktorého opisuje Izaiáš. Boh vo svojej nesmiernej dobrote túži, aby každá naša obeta bola úplne slobodná. Preto posiela Simeona a Annu, aby oznámili Márii, že toto dieťa musí vykonať veľké veci, že ho čaká veľké poslanie, pri ktorom ho bude musieť podporovať a sprevádzať, s vedomím, že za to nedostane žiadnu poctu ani vďaku, ale strašné utrpenie: *„a tvoju vlastnú dušu prenikne meč, aby vyšlo najavo zmýšľanie mnohých sŕdc."* (LK 2, 35) Mária obetuje svojho Syna s plným vedomím, čo ho čaká, a obetuje aj seba! Milovať Božou láskou znamená obetovať svoj vlastný život! *„Nik nemá väčšiu lásku ako ten, kto položí svoj život za svojich priateľov."* (Jn 15, 13) Mária nám v tomto dáva krásny príklad.

Naša láska je často zameraná na jednu konkrétnu osobu: na naše dieťa, na manžela, manželku, snúbenicu alebo nejakú inú osobu; niekoho skrátka milujeme viac ako všetkých ostatných. Teraz pošepnem jeho meno Panne Márii a v prítomnosti Márie a Jozefa ho položím na oltár vedľa malého Ježiša. Poprosím Máriu o milosť, aby som túto osobu miloval nielen ľudskou, ale Božou láskou! Vieme dobre, čo to znamená byť niekým priťahovaný. Aj pohania pociťujú príťažlivosť voči tým, čo sú im podobní. Spomínam si na jednu pasáž z Evanjelia, ktorú v kostole často nepočuť: *„Každú rastlinu, ktorú nezasadil môj nebeský Otec, vytrhnú aj s koreňom."* (Mt 15, 13) Čo to znamená? Jednoducho povedané, všetky veci, ktoré pochádzajú z tela, z nášho pozemského stavu, aj keby boli tie najlepšie, nevstúpia do nebeského kráľovstva, pokiaľ nie sú premenené a pozdvihnuté na božskú úroveň skrze Božiu milosť.

Isteže, prírodu stvoril Boh a netreba ňou opovrhovať. Nemôžeme však prijímať zákony proti prírode, proti stvoreniu. Stvorenie je úžasné, musí však byť premenené. Mária mala v sebe túto Božiu lásku už vo chvíli zvestovania. My však potrebujeme určitý čas, aby sme sa naučili milovať tak, ako miluje Boh. Ľudskou láskou milujem vtedy, keď cítim k niekomu príťažlivosť, keď sa cítim dobre v jeho prítomnosti, keď mi ten človek niečo prináša — takáto láska je veľmi prirodzená, ba priam telesná. Stredobodom tohto citu som však ja! Takýto cit samozrejme nie je hriech, ale nevstúpi do Božieho kráľovstva. Keď sa však usilujem predovšetkým o dobro toho, koho milujem, keď túžim po jeho svätosti a robím všetko, čo je v mojich silách, aby plnil Boží plán vo svojom živote, vtedy je moja láska božská! Stredobodom tejto lásky je ten druhý.

Ak je ten, koho najviac milujem, moje dieťa, budem mu pomáhať, aby sa stalo svätým v spolupráci s Máriou. Toto je plán, ktorý preňho pripravil Boh, a ja s ním mám spolupracovať, lebo Boh mi vo svojej nesmiernej dobrote dôveruje. Alebo si predstavme, že som vydatá žena, ktorá veľmi miluje svojho manžela, a tak musím robiť všetko, čo je v mojich silách, aby sa stal svätým a počas celého nášho manželstva sa budem obetovať, aby dosiahol tento cieľ. To isté platí aj pre snúbencov. Mladý muž si povie: „Aká je len krásna, je to ideálna žena, na akú som čakal. Budeme mať spolu deti, kúpime si pekný dom, budem mať dobrú prácu, aby mojej rodine nič nechýbalo..." Takéto úvahy sú síce dobré, ale iba ľudské. S pomocou Márie sa naučím radšej hovoriť: „Pane, použi ma, aby sa moja manželka stala svätou a aby sme spolu vytvorili svätú rodinu." Toto je jediná láska, ktorá pretrvá naveky. Ako dlho v dnešnej dobe trvajú čisto ľudské lásky? Dalo by sa povedať, že majú určitý dátum spotreby, lebo trvajú čoraz kratšie!

Vráťme sa k slovám Panny Márie: „Drahé deti, začnite najskôr milovať vlastnú rodinu a potom budete môcť prijať a milovať všetkých, ktorí sem prichádzajú." (13. DECEMBRA 1984) Modlime sa teraz, aby v tomto desiatku Božia láska, čiže Duch Svätý, naplnil a premenil naše srdcia.

PIATE RADOSTNÉ TAJOMSTVO

Nájdenie Ježiša v chráme

Pokračujme ďalej v ceste, ale tentoraz nepôjdeme ďaleko, lebo sa opäť nachádzame v jeruzalemskom chráme. Ježiš má teraz dvanásť rokov a jeho rodičia ho tu našli po troch dňoch plných úzkosti (POROV. LK 2, 41-52). Pokiaľ ide o mňa, ani na chvíľu som nepustil Máriinu ruku a cítim jej úzkosť! Mária nestratila len svojho jediného Syna — čo by uviedlo každú matku do hlbokého zmätku —, ale stratila aj svojho Boha! Je ťažké si predstaviť, akú úzkosť prežívala Panna Mária v tejto situácii. Tri dni a tri noci márneho hľadania; koľko kilometrov sa nachodila, keď ho všade hľadala, a nemohla ho nájsť! Nasledujúce slová z Piesne piesní akoby opisovali presne túto chvíľu:

„Otvorila som svojmu milému — lenže môj milý bol už preč, už ho tam nebolo. Zatajoval sa vo mne dych, kým trval jeho príhovor. Hľadala som ho, ale nenašla, volala som ho, ale sa mi neozval." (PIES 5, 6)

Potom sa Jozef s Máriou vrátili naspäť do chrámu, a tam, medzi dvomi bradatými rabínmi, čo nevidia? Plavú kučeravú hlávku ich drahého Ježiša! Je živý, našli ho! Máriino srdce zaplavila obrovská radosť — taká istá radosť, akú cítila v Betleheme! Mala pocit, akoby znova priviedla na svet svojho Syna, ale úplne iným spôsobom. Tentoraz žiaden anjel nespieva Bohu chválospev, nie sú tu pastieri ani traja králi putujúci za hviezdou, ani žiadne zázraky; Jozef a Mária sú tu jediní, ktorí poznajú pravú totožnosť tohto chlapca. Sú tu sami, obklopení zvedavcami, ktorí ich sledujú a zrejme aj odsudzujú za to, že stratili svojho syna; sú tu sami medzi múrmi chrámu a nie je tu žiaden anjel, ktorý by im vysvetlil zmysel tých troch dní plných úzkosti! V tento deň Panna Mária, ktorá predtým nepoznala pôrodné bolesti, porodila Mesiáša. Úzkosť a duchovná noc Máriinej prečistej duše prispeli k tomu, že jej srdce sa rozšírilo do mimoriadnych rozmerov.

Keď naše srdce zasiahne utrpenie, čo urobí Boh, náš láskavý Otec? Ak prijmeme utrpenie a obetujeme ho, On rozšíri naše srdce, zväčší našu schopnosť milovať a uschopní nás prijímať Božiu lásku. Spomeňte si na svätých, ktorí sú už v nebi, alebo na tých, čo v živote veľa vytrpeli a teraz vynikajú láskou! Naša schopnosť milovať rastie v bolesti! Preto dosiahneme všetko, keď dobrorečíme Pánovi za prežité utrpenie, a ak sme to ešte neurobili, obetujme mu ho teraz, nech nás posvätí!

Počas tých troch dní a nocí plných úzkosti Boh pripravoval Máriu, aby prijala Ježiša v novom svetle. Čo je však na ňom nové? Ježiš hovorí: *„Nevedeli ste, že mám byť tam, kde ide o môjho Otca?"* (Lk 2, 49) Toto sa zmenilo: podstata vzťahu medzi Ježišom a jeho Otcom. Ježiš, pritahovaný do chrámu Duchom Svätým, sa odpútava od tepla a opory svojich rodičov a hlbšie si uvedomuje svoje poslanie Vykupiteľa. V dvanástich rokoch, ktoré sa vtedy považovali za vek dospelosti v Izraeli, je Ježišova ľudská duša plne v súlade s Otcovým plánom. Ježiš sa všetkého zrieka pre Otca. Ako neskôr povedal: *„Mojím* *pokrmom je plniť vôľu toho, ktorý ma poslal, a dokonať jeho dielo."* (Jn 4, 34) Odteraz je to hotová vec. Ale koľko ho to stálo! Ježiš totiž vo svojom srdci cíti bolesť jeho rodičov, ktorých tak veľmi miluje.

Mária si zase uvedomuje, že jej Syn je teraz iný; toto je nová etapa jeho života. Musela prejsť týmto utrpením, aby mohla prijať Ježišovu novú tvár. Presne v tejto chvíli sa všetkým trom ešte jasnejšie zjavuje Otec. Mária si uvedomuje, že týmto odlúčením ju už Otec pripravuje na to, aby úplne darovala svojho Syna. Stále je jeho Matkou, ale odteraz bude všetko riadiť Otec, on bude viesť jej Syna a ona a jej Syn sa podriadia Otcovmu plánu. V dvanástich rokoch sa zmenšuje autorita Matky: nastal čas pre Otca! A čo Jozef? Čo si myslí, keď Ježiš hovorí, že má byť tam, kde ide o jeho Otca? Tak ako Máriu, aj jeho táto ťažká skúška pripravuje na isté odpútanie, aby sa prispôsobil novému rozmeru svojho Syna, a to ho robí ešte pokornejším.

Ako píše svätý Lukáš: *„bol im poslušný"* (Lk 2, 51). Mária akoby odteraz mala *iného Syna*. Pri spiatočnej ceste do Nazareta si ho vinie k srdcu a pokorne sa modlí. Ešte aj dnes, tak ako v Betleheme, stojac pred týmto veľkým, sotva odhaleným tajomstvom, ktorému ešte celkom nerozumie, zachováva všetky tieto udalosti vo svojom srdci.

Tak ako Mária, aj ja som pred týmto tajomstvom v úžase. Aj ja vo svojom živote niekedy pociťujem prázdnotu, neprítomnosť, úzkosť z nedostatku. V Medžugorí nám Mária hovorí o tejto prázdnote: „Drahé deti, je vo vás prázdnota, nenechávajte si tú prázdnotu!" Dokonca tvrdí: „Drahé deti, vaše srdce je tvrdé a prázdne." Nachádzame sa teraz v takomto stave? Kto z nás nezažil tú prázdnotu, rozorvanosť, ktorá nás možno aj bolí? Kto nikdy nemal zlomené srdce, kto nepocítil vnútornú ochromenosť, ktorá nám bráni žiť v radosti, chváliť a velebiť Boha, nebáť sa a vychutnávať si pokoj?

Aký dar získavame pri tajomstve nájdenia Ježiša v chráme? Mária musela prežiť tri dni opustenosti, aby sa nechala znovu naplniť prítomnosťou svojho Ježiša. Nestratila ho vo svojom srdci, ale nemala ho viac pri sebe, nebol tam fyzicky prítomný. A potom ho zrazu opäť uvidela! Ježiš prišiel naplniť znepokojené srdce svojej Matky, celej rozrušenej z toho, že ho stratila.

A toto sa ešte zopakuje! O niekoľko rokov Mária takmer umrie od bolesti zo smrti svojho Syna, jej duša ho však neprestane hľadať... Opäť tri dni úplnej temnoty a úzkosti! Toto je akoby generálka pred strašnou skúškou, keď bude Ježiš tri dni v hrobe. No aj potom ho znova nájde. Zjaví sa jej ako víťaz odetý žiarou. V Medžugorí nám Mária hovorí: „Drahé deti, vzkriesenie sa deje stále." Ona to zažila!

Počas tohto desiatku, držiac Máriu za ruku, aj ja sa nechám zaplaviť Ježišovou láskou. Otvorím Bohu svoje srdce dokorán, aby mohol doň vstúpiť, a privediem si ho domov tak ako Jozef a Mária. Vrátili sa domov spolu s ním a *„bol im poslušný"*. Aj ja sa vrátim spolu s nimi už dnes, bez pocitu prázdnoty a nedostatku. Ježiš a Duch Svätý budú prebývať vo mne. A ja sa stanem živým bohostánkom ako Mária.

Teraz zatvorím oči a sústredím sa na milióny bratov a sestier, ktorých sužuje prázdnota, trápi ich ťaživá čierna diera v hĺbke srdca, ktorú nedokážu zaplniť. „Mnoho mladých hľadá šťastie tam, kde ho strácajú," hovorí Mária. Títo mladí však boli stvorení láskou a pre lásku; ako napĺňajú svoju veľkú schopnosť milovať? Nechávajú sa uniesť vidinou tohto sveta. Mnohí z nich zapĺňajú svoju vnútornú prázdnotu hudbou, ktorá ohlušuje uši a robí dušu nemou, alebo drogami, alkoholom, škodlivými hrami, nehovoriac o sexuálnych úchylkách.

Nájdenie Ježiša v chráme

Dnešní rodičia už nevedia, čo robia ich deti. Úbohé duše, ktoré sa snažia rozvíjať všetkými spôsobmi, no vo svojom vnútri nachádzajú len bezodnú priepasť, ktorá je čoraz temnejšia, lebo iba Boh ich môže naplniť. A diabol, ktorý je vždy pripravený využiť túto prázdnotu, začína voľne pôsobiť. Zvyčajne je to preňho hračka, lebo jeho obeťami sú duše bez ochrany sviatostí... Diabol pôsobí, poškvrňuje, ničí, vydiera a zotročuje svoje obete, až kým ich neprivedie k zúfalstvu; niektoré duše dokonca uzavrú zmluvu s diablom! Mnohí si radšej volia smrť, než aby boli vyslobodení z tejto prázdnoty.

V tomto desiatku budem myslieť na nich, na týchto mladých aj starších, a budem ako Mária, neúnavná matka, ktorá putuje celé kilometre, len aby našla svojho strateného syna. Aj ja budem svojou modlitbou sprevádzať tých, ktorí ešte nepoznajú Božiu lásku, aby dospeli k naplneniu plánu, ktorý má Otec s ich životom. Toto je jeden z hlavných úmyslov Máriinho srdca. Nech odteraz neprejde ani jeden deň bez toho, aby sme potešovali našu Matku modlitbami na tento úmysel.

Panna Mária sa nám 24. mája 1984 zverila so svojím utrpením:

„Prosím vás, nedovoľte, aby moje srdce ronilo krvavé slzy nad dušami, ktoré upadli do otroctva hriechu."

A 2. decembra prostredníctvom Mirjany povedala:

„Drahé deti! Moje materinské srdce plače, keď sa pozerám na to, čo moje deti robia. Hriechy sa množia, čistota duše je stále menej dôležitá, na môjho Syna sa zabúda, čoraz menej sa uctieva a moje deti prenasledujú."

Tieto deti pociťujú vnútornú prázdnotu, lebo im nikto nikdy nepovedal o Božej láske. Počas tohto desiatku si spomeniem na mladých, ktorým nikto nehlásal evanjelium, aby ich Boh naplnil svojou láskou a aby už nikto na svete netrpel duševnou prázdnotou! Všetci sme boli stvorení pre plnosť! „Keď máte Boha, máte všetko!", hovorí nám Mária (25. JÚLA 1998). Tí, čo majú Boha, sú šťastní a už teraz zakúšajú predchuť neba. Vizionári Vicka a Jakov nám to môžu dosvedčiť, lebo oni videli Nebo.

Ako vychádzam s Ježišom z jeruzalemského chrámu, chytím Máriu za ruku a spolu s ňou aj ja cítim vlnu neopísateľnej radosti, lebo Boh je pri mne ako nikdy predtým — je v mojom vnútri!

Tajomstvá svetla

Pokračujme v našom ruženci tajomstvami svetla. Držíme Máriu za ruku a kráčame vedľa nej. Prechádzame zrnkami ruženca spolu s Máriou, ktorá je celkom upriamená na Ježiša. Keď sa modlíme ruženec, pripomíname si tajomstvá Ježišovho a Máriinho života.

Tak ako si Mária vo svojej pamäti sprítomňovala život svojho Syna, aj my sa priblížme k týmto posvätným miestam a scénam so srdcom dieťaťa: deťom totiž neunikne nič, čo sa okolo nich deje!

Keď sa modlíme, utiekame sa pod materinský plášť Panny Márie. Ona sama nám hovorí: *„Drahé deti, chcem si vás privinúť k svojmu srdcu a pevne vás objať."* Zahaľuje nás svojím materinským plášťom, aby nás ochránila pred každým útokom diabla. Čo však znamená tento materinský plášť? Určite to nie je plášť, ktorý ju chráni pred zimou. Je to zahalenie Duchom Svätým, ktorého prijala v deň zvestovania, keď jej anjel povedal: *„Duch Svätý zostúpi na teba a moc Najvyššieho ťa zatieni."* (Lk 1, 35)

Keď vstupujeme pod Máriin plášť, aj nás spolu s ňou

zahaľuje Duch Svätý. Máriin plášť je teda samotný Boh! Preto satan nikdy nemohol cezeň preniknúť svojími jedovatými skutkami.

Keď sa modlíme ruženec, neprikrývame týmto plášťom iba seba, ale celý svet; všetkých, ktorých nosíme v srdci, aj tých, ktorých osobitne zverujeme Panne Márii: svojich blízkych, priateľov, všetkých, ktorí prechádzajú skúškou...

Je dôležité, aby sa v každej rodine aspoň jeden človek modlil ruženec, aby bola celá domácnosť prikrytá plášťom Panny Márie. Má to veľkú moc. Mária bude vždy pamätať na rodinu, ktorá sa každý deň verne modlievala ruženec, a na celé jej potomstvo z pokolenia na pokolenie bude plynúť hojné požehnanie.

Prostredníctvom ruženca vstupujeme do stánku Panny Márie a pripájame sa k nej v intimite jej izby. Zostaňme tam s ňou!

PRVÉ TAJOMSTVO SVETLA

Ježišov krst v rieke Jordán

Nachádzame sa v judejskej púšti na brehoch Jordánu: je tu veľký zástup ľudí, ktorí sa zhromaždili okolo proroka Jána, Ježišovho predchodcu, aby prijali krst pokánia, a všetci vyznávajú svoje hriechy. Tu však medzi nich prichádza akýsi muž: je to Ježiš Nazaretský! Pristúpi bližšie, aby sa nechal pokrstiť ako všetci ostatní. Ján ho hneď spoznal — veď je to jeho bratranec! On vie, že Ježiš je Baránok Boží, ktorý sníma hriechy sveta. Celý prekvapený mu preto hovorí: *„Ja by som sa mal dať tebe pokrstiť, a ty prichádzaš ku mne?"* (Mt 3, 14)

Treba si uvedomiť, že v Starom zákone „vody" často symbolizovali miesto, kde sídlia démoni a smrť, temnú hlbočinu, kde sídli zlo. V Žalme 69 sa píše: *„Zachráň ma, Bože, lebo voda mi vystúpila až po krk. V bezodnom bahne viaznem a nemám pevnej pôdy pod nohami, dostal som sa do hlbín vôd a zalieva ma príval."* Sila vody predstavuje silu zla, ktoré nás môže v istej chvíli zaplaviť, a tým nám bráni žiť a vidieť svetlo. Keď Ján krstil, Jordán sa naplnil všetkými hriechmi tých, čo prichádzali vyznávať svoje hriechy.

V tej dobe sa krstilo ponorením do vody na znak očistenia. Keď sa človek vynoril, jeho hriechy zostali v rieke. Aj Ježiš sa ponoril do vody, aby ho Ján pokrstil. Je to však zvláštne — veď on je dokonale čistý, vôbec to nepotrebuje! Prečo to teda robí? Ježiš sa ponára do vody, aby ju posvätil, aby svojím božstvom navštívil temné zákutia ľudskej prirodzenosti. (Dokonca ani dnes netreba posväcovať vodu z Jordánu, ktorú si pútnici odnášajú domov, lebo bola posvätená vo chvíli, keď sa do nej ponoril Boží Syn!)

Ježiš sa ponára do vody, lebo chce vziať na seba naše hriechy a zahaliť sa nimi ako do plášťa. Píše o tom svätý Pavol: *„Toho, ktorý nepoznal hriech, za nás urobil hriechom, aby sme sa v ňom stali Božou spravodlivosťou."* (2 Kol 5, 21) Ježiš sa stal hriechom, aby odčinil naše hriechy. Keď sa ponoril do rieky Jordán, privlastnil si naše hriechy. On, Čistý, Svätý, Nepoškvrnený, vzal na seba, na svoje telo, naše hriechy, pričom sám nikdy žiaden hriech nespáchal. V istom zmysle sa zaodel našimi hriechmi preto, aby o tri roky neskôr boli pribité spolu s ním na kríž, a tým boli premožené. Ježiš už pri svojom krste videl svoje umučenie: odteraz bude verejne účinkovať zahalený do tohto neviditeľného plášťa, aby bol neskôr vyvýšený od zeme, a tým premohol smrť na jej vlastnom poli. *„Lebo mzdou hriechu je smrť"*, ako píše svätý Pavol (Rim 6, 23).

Vo chvíli, keď Ježiš prijíma Jánov krst, stotožňuje sa s našimi hriechmi a začína sa jeho úloha Vykupiteľa. *„Patrí sa, aby sme splnili všetko, čo je spravodlivé,"* hovorí Ježiš (Mt 3, 15). Čo má však spravodlivosť spoločné s touto scénou? Určite nejde o ľudskú spravodlivosť, ale o spravodlivosť Božiu, ktorá je dokonalé milosrdenstvo.

Jednoducho povedané, v Božom pláne bolo potrebné, aby sa Syn stal hriechom, aby boli naše hriechy pribité na kríž, a tým boli premožené: toto je Otcova spravodlivosť, utkaná z čistého milosrdenstva! A Ježiš sa naplno podriadil Otcovmu plánu milosrdenstva.

V tomto desiatku si pripomeniem svoj krst, vďaka ktorému som sa stal Božím dieťaťom. V ten deň Ježiš vzal na seba moje hriechy a ja som sa zaodel do jeho božského života, do jeho večného života, a prijal som biele rúcho znovu získanej čistoty. Aká úžasná výmena! To mohol vymyslieť iba Boh! Krstom som sa mohol ponoriť do Kristovej smrti a zmŕtvychvstania, aby som si mohol obliecť Jeho. Moje hriechy boli premožené, hodené do mora, zahladené a zabudnuté! Boh prekypujúci láskou zabúda na všetko zlé!

Teraz vám navrhujem, aby ste znovu prežili milosť svojho krstu a spoločne opakovali tento úžasný dialóg, najmä ak ste boli pokrstení ešte ako bábätko. Vedzte, že obnovenie krstných sľubov má veľkú moc! Potvrdzujú to mnohí exorcisti: ak sa potrebujete nejakým spôsobom vyslobodiť zo satanovho zovretia, ak na vás dolieha, útočí, napáda vás a snaží sa vás zviesť, prečítajte nahlas a zo srdca krstné sľuby a satan vás pustí. Odriekanie týchto sľubov je najlepší exorcizmus, aký môže laik vykonať.

Teraz odpovedajte na otázky krstného obradu, aby ste znova zakúsili slobodu Božích detí.

- Zriekate sa hriechu, aby ste mohli žiť v slobode Božích detí?

Cirkev zaručuje získanie odpustkov veriacim, ktorí si akoukoľvek modlitbou obnovia krstné sľuby. „Úplné odpustky môžu získať veriaci, ktorí si pri slávení Veľkonočnej vigílie alebo v deň svojho krstu obnovia krstné sľuby oficiálne schválenou modlitbou. Čiastočné odpustky môžu získať veriaci, ktorí si obnovia krstné sľuby akoukoľvek modlitbou." [*Príručka odpustkov*, 1999] Podmienky pre získanie odpustkov: svätá spoveď, sväté prijímanie a modlitba na úmysel Svätého Otca.

- Zriekam.
- Zriekate sa vábivých pokušení, aby vás neovládol hriech?
- Zriekam.
- Zriekate sa zlého ducha, pôvodcu a kniežaťa hriechu?
- Zriekam.
- Veríte v Boha Otca všemohúceho, Stvoriteľa neba i zeme?
- Verím.
- Veríte v Ježiša Krista, jeho jediného Syna a nášho Pána, narodeného z Márie Panny, umučeného a pochovaného, ktorý vstal z mŕtvych a sedí po pravici Otca?
- Verím.
- Veríte v Ducha Svätého, v svätú Cirkev katolícku, v spoločenstvo svätých, v odpustenie hriechov, vo vzkriesenie tela a v život večný?
- Verím.

Keď bol Ježiš pokrstený, z neba zaznel Otcov hlas: *„Ty si môj milovaný Syn, v tebe mám zaľúbenie."* (Lk 3, 22)

Chcem vám teraz položiť jednu otázku: Myslíte si, že tieto Otcove slová sa vzťahujú iba na jeho Syna Ježiša, alebo aj na nás? Čo myslíte? Samozrejme, že sa vzťahujú aj na nás! Je smutné, keď vidíme, ako sa niektorí ľudia cítia príliš hriešni na to, aby sa obrátili k Bohu, cítia sa príliš nehodní, príliš zranení; mnohí nemilujú svoj život a nemôžu uveriť, že Boh ich miluje. Aj keď to chápu rozumom, nedokážu prijať túto lásku vo svojom srdci.

Pokúsme sa v tomto desiatku prijať uzdravenie, ktoré nám Otec ponúka: uchopme ho tak ako nikdy predtým! Vyslovme ešte raz tie slová: *„Ty si môj milovaný Syn."* Teraz už viem, že keď Otec vyslovuje tieto slová, hovorí o mne: *„Ty si môj milovaný syn, ty si moja milovaná dcéra, v tebe mám zaľúbenie."*

Je príznačné, že grécke slovo *fraguis* (ROZTRHNUTIE) je v celom Svätom písme použité iba dvakrát. Prvý raz na vyjadrenie toho, že SA OTVORILO NEBO (Mt 3, 16), keď Duch Svätý zostúpil na Ježiša, len čo bol pokrstený, a druhý raz, keď sa chrámová opona roztrhla vo dvoje odvrchu až dospodku. V obidvoch prípadoch ide o nadprirodzené, nevysvetliteľné ROZTRHNUTIE, ktoré odkazuje na povzdych proroka Izaiáša: *„Kiež by si prelomil nebesá a zostúpil"* (Iz 63, 19). Týmto *roztrhnutím* Boh vyjadruje, že odteraz môžeme ľahko vstúpiť do svätyne jeho srdca, do svätyne svätých, ktorá bola kedysi neprístupná, a môžeme žiť z jeho života. Nezabúdajme, že chrámová opona bola najmenej 10 centimetrov hrubá a 25 až 30 metrov vysoká (PODĽA ÚDAJOV DOBOVÉHO HISTORIKA JOZEFA FLÁVIA).

Teraz nechám tieto slová prenikať do môjho vnútra ako balzam, ktorý napĺňa celé moje bytie. Nechám sa nimi uzdravovať, nech sa postupne zahojí to hlboké zranenie, ktoré ma už tak dlho trápi: pocit, že som zabudnutý, opustený a sám, že nemám skutočných priateľov ani citovú istotu. Nechám v sebe plynúť slová nebeského Otca, môjho Stvoriteľa, ktorý odo dňa môjho krstu na mňa hľadí skrze svojho milovaného Syna Ježiša.

„Ty si môj milovaný syn, moja milovaná dcéra, v tebe mám zaľúbenie."

Vo franc. verzii: *„Ah, si tu déchirais les cieux"* — doslova *„Kiež by si roztrhol nebesá"*. Pozn. prekl.

DRUHÉ TAJOMSTVO SVETLA

Svadba v Káne

Ísť niekomu na svadbu je vždy príjemné: tá radosť je priam nákazlivá! Na tejto svadobnej hostine sa však minuli zásoby vína. Medzi pozvanými hosťami je Ježiš a jeho učeníci a je tam aj Ježišova Matka. Mária je veľmi pozorná matka, ktorá vie rozdávať lásku aj postarať sa o to, aby nikomu nič nechýbalo — ozajstná matka rodiny. Ona si ako prvá všimla tento problém, ale neznepokojuje sa, lebo je tam Ježiš a on má vždy nejaké riešenie. Podíde k nemu a vysloví známu vetu: *„Nemajú vína."* Ježiš jej prekvapivo odpovie otázkou, ktorá nebola správne preložená: *„Čo mňa a teba do toho, žena?"* (Jn 2, 4) Musíme sa pozrieť na túto vetu v hebrejčine, aby sme pochopili význam týchto slov. Hebrejský text znie: *ma lì làkh?*, čo doslova znamená: „Čo (je) medzi tebou a mnou?" Ako keby Ježiš v tej chvíli hovoril svojej matke: „Uvedomuješ si, aký je medzi nami vzťah, aká je moja a tvoja úloha?" Keď Ježiš počul slovo „víno", hneď si pomyslel na slovo „krv", pretože vie, že o tri roky neskôr, pri Poslednej večeri, premení víno na svoju krv. A neskôr na kríži premení túto krv na oheň Ducha Svätého, aby mohol zostúpiť na jeho učeníkov. Jeho Matka je tam však preto, aby mu pomohla splniť jeho poslanie.

Keď Ježiš oslovil svoju Matku „žena", nechcel ju tým znevážiť, ale pripomenúť úlohu Evy vo chvíli stvorenia — osobitnú úlohu ženy, manželky muža, aby bola jeho pomocnicou. Ba viac než len pomocnicou, lebo hebrejské slovo *azar*, „pomoc", má veľmi široký význam.˙ Ježiš takto označil Máriu ako novú Evu, ktorá pomáha novému Adamovi v diele vykúpenia. Ježiša však napriek tomu prekvapila otázka Panny Márie, lebo sa cítil akoby pobádaný k svojmu umučeniu vlastnou matkou. Od tejto chvíle totiž Panna Mária začína plniť svoju úlohu „spoluvykupiteľky", ktorá bude spolupracovať s Vykupiteľom v pravom zmysle slova. Ona je „žena", ktorá sa prihovára a podieľa sa na vykupiteľskom diele svojho Syna. Ježiš vie, že svadba bez vína by bola hanbou pre túto rodinu. Tento nedostatok vína symbolizuje nedostatok radosti. Bez nej sú prázdni, akoby vyhasnutí. Ježiš si v srdci určite pomyslel: „Ja, ktorý som na seba zobral ťarchu ich hriechu a prišiel som spasiť svet, aby som všetkých priviedol k Otcovi, musím teraz konať! Iba zázrak nestačí: chcem premeniť ich smrteľný smútok na radosť, ktorá bude večná — na moju vlastnú radosť. Preto musím ísť na kríž... Nemôžem spasiť svet mávnutím čarovného prútika." Ježiš v tej chvíli už rozjíma nad nevyhnutnosťou svojho umučenia. Na spásu sveta nestačí jednoduchý zázrak.

Ak dnes, pokiaľ som v stave milosti posväcujúcej, cítim v srdci radosť, je to iba vďaka tomu, že Ježiš vylial svoju krv; každý Boží dar je nasiaknutý krvou Krista. Mária v Káne pripomenula svojmu Synovi, že ho čaká umučenie. Ježiš, uvedomujúc si svoju úlohu Spasiteľa, pozná svoju hodinu, a preto povedal: *„Ešte neprišla moja hodina."* Tieto slová majú nesmierne hlboký význam. Mária pochopila, čo to znamená,

---

˙ Pán Boh povedal: *„Urobím mu pomoc, ktorá mu bude podobná."* (GN 2, 18)

a uvedomila si, čo svojmu Synovi spôsobila, a preto nenalieha. Má istotu, že jej Syn súcití s týmito mladomanželmi, ktorí sa ocitli v neľahkej situácii, a tak ide povedať sluhom: *„Urobte všetko, čo vám povie!"* (Jn 2, 5) Mária vie, že jej prosba bude vypočutá. Pozná Ježišove prisľúbenia určené tým, ktorí prosia s vierou: *„Preto vám hovorím: Verte, že všetko, o čo v modlitbe prosíte, ste už dostali, a budete to mať."* (Mk 11, 24)

Vráťme sa však na miesto, kde sa nachádza Mária, sluhovia a Ježiš. Každý z nich koná. Mária sa prihovára. Ježiš plní svoju božskú úlohu a premieňa vodu na víno. Čo sa však vyžaduje od služobníkov, teda od nás všetkých? Ježiš nám káže „naplniť nádoby vodou". Ako však súvisí nedostatok vína s vodou v nádobách? Samotné naplnenie nádob vodou ešte nijako nezaručí, že všetci budú môcť piť víno! Radosť zo svadby sa nevráti vďaka vode. Ježiš ma pobáda k tomu, aby som urobil čosi nezmyselné, takmer bláznivé. Okrem toho, vodu zo studne zvyčajne naberajú ženy, nie muži! Zdá sa, že Ježiš to celé popliesol. Mária však vie, a preto mi hovorí: „Urob všetko, čo ti povie!" Bolo treba naplniť šesť stolitrových nádob, čo je samo osebe namáhavé, a navyše v rekordne krátkom čase. Sluhovia však neodviedli polovičatú robotu. Mohli si povedať: „Dobre, urobíme mu radosť a naplníme jednu či dve nádoby." Nie, oni do bodky splnili Ježišov príkaz! Preto je dôležitý náš vzťah s Ježišom: on nás potrebuje, aby sme konali. V Káne potreboval vodu ako surovinu, ktorú premení na víno. Poďme však naspäť k sluhom... Čo urobili? Poslúchli Ježiša bez šomrania a bez toho, že by chápali zmysel jeho žiadosti.

Toto si musíme zapamätať: aby Ježiš mohol konať svoje zázraky, potrebuje k tomu našu dobrú vôľu. Jeho surovinou je naša vlastná námaha, ochota a dobrá vôľa. Samozrejme, keby na tej svadbe naplnili vodou iba jednu či dve nádoby, mali by menej vína. Samotná voda však nemá žiadnu farbu, vôňu ani chuť. A presne to môžeme Ježišovi ponúknuť: našu úbohosť, nemohúcnosť, slabosť, prázdnotu a našu neschopnosť dosiahnuť ozajstnú radosť. Buďme si istí, že keď odovzdáme svoju neschopnosť a slabosť Ježišovi, najmä vo sviatosti zmierenia, Ježiš urobí rovnaký zázrak ako v Káne a naše ľudské obmedzenia naplní svojou milosťou. On premieňa našu prirodzenosť a robí nás schopnými toho, čo pre nás bolo predtým nemožné: milovať, odpúšťať, prestať si ničiť vlastný život alebo konať zlo...

Pozrite sa okolo seba: koľko je rodín, kde po opadnutí prvotného nadšenia a po vyprchaní vášne z telesnej príťažlivosti pomaly ubúda aj radosť, až sa celkom vytratí? Je to preto, že sme začali s vodou našej obmedzenej ľudskej prirodzenosti, ktorá sama osebe nemôže vydržať ani priniesť nič božské.

Ľudská láska má obmedzenú trvanlivosť ako čerstvé mlieko! Dajme Ježišovi našu ľudskú prirodzenosť, odovzdajme mu náš nedostatok radosti, problémy v manželstve a celú našu existenciu, ktorá je tiež akási bez chuti, farby a vône ako obyčajná voda.

Ježiš nemôže konať, pokiaľ mu nedáme surovinu, s ktorou môže pracovať: bez našej dobrej vôle nemôže božsky zasiahnuť do nášho života. Spomínam si na jeden veľmi pekný výrok otca Slavka Barbariča, františkána, ktorý bol nadchnutý plánom Panny Márie v Medžugorí, ktorý opísal ako tajomný plán: „Mária má s Medžugorím veľký zámer, my ho však nepoznáme. Pokiaľ ide o mňa, viem, že dnes musím urobiť všetko, čo je v mojich silách!" Otec Slavko vedel, že aj to málo, čo máme, treba dať Bohu, a On sa už postará o všetko ostatné.

V tomto desiatku odovzdajme Pánovi to málo, čo máme, aj to málo, čím sme, a On urobí zázrak: premení náš život na lahodné víno a našu vyhasnutú radosť premení na božskú radosť. Ježiš nahradí moju úbohú ľudskú radosť svojou božskou radosťou: *„Toto som vám povedal, aby vo vás bola moja radosť a aby vaša radosť bola úplná."* (Jn 15, 11) Využime to teda! Využime toto tajomstvo svadby v Káne a poprosme Pána, aby oživil našu svadobnú milosť, ktorá je v nás. Ak žijete v manželstve, vezmite do dlane svoju obrúčku a zasväťte svoje manželstvo Pánovi; odovzdajte mu všetko, čo je poškvrnené, aby Ježiš naplnil vaše manželstvo svojím vínom, svojou božskou radosťou. A pokiaľ ste slobodní, vylejte si pred ním svoje srdce, lebo každý z nás je stvorený pre svadbu. Celá naša duša je stvorená preto, aby sa zasnúbila s Kristom. Mnohí ľudia trpia vo svojich citových vzťahoch, lebo cítia, že tá najväčšia radosť na svete pramení z opätovanej lásky. Táto tajná túžba v hĺbke našej duše je pečaťou Boha! Jedine On sa môže skutočne zasnúbiť s našou dušou a priniesť jej dokonalé a večné uspokojenie!

TRETIE TAJOMSTVO SVETLA

Ohlasovanie Božieho kráľovstva a výzva k obráteniu

Teraz budeme nasledovať Ježiša na jeho cestách, pričom je stále s nami jeho Matka Mária. Vidíme mnoho znamení, ktoré robí medzi ľuďmi: uzdravuje chorých, vyháňa zlých a nečistých duchov... Vidíme, ako z neho vychádza sila, nadprirodzená moc. Počujeme, ako hovorí ochrnutému: *„Človeče, odpúšťajú sa ti hriechy."* (Lk 5, 20) Ježiš ohlasuje Božie kráľovstvo a opakuje: *„Kajajte sa!"*, čiže zrieknite sa zlých skutkov, zanechajte svoje hriechy, odmietnite zlo, ktoré je vo vašom živote, vyberte si cestu svetla a svätosti, a uverte evanjeliu. Aká radostná zvesť aj pre nás! Počas tohto desiatku sa rozhodnime odpovedať na Ježišovo pozvanie, ktoré je určené nielen jeho súčasníkom, ale aj nám.

Keď Ježiš posielal svojich apoštolov, aby hlásali evanjelium v jeho mene, aj vtedy, keď chodili s ním, kázal im, aby začínali dvomi veľmi naliehavými výzvami: „Kajajte sa a obráťte sa!" Ľútosť nad vlastnými hriechmi nás privádza k obráteniu; pokánie uschopňuje dušu na zmenu smerovania, ktorou je obrátenie. V dnešnej dobe sa mnohí obávajú slova „obrátenie", lebo si hneď pomyslia na námahu, ktorú bude treba vynaložiť, na záväzok, ktorý bude treba prijať, a na prekážky, ktorým bude treba čeliť. Majú teda trochu strach a váhajú, či sa rozhodnú pre obrátenie. Pôvod tohto hebrejského slova, ktoré sa aj dnes používa v bežnej hebrejčine, je *teshuvà*, čo znamená „návrat". Dobre, ale návrat kam? Predsa návrat domov, k mojim koreňom, k môjmu Otcovi!

Zoberme si podobenstvo o márnotratnom synovi: mladší syn si od otca vypýtal celé svoje dedičstvo a rýchlo odišiel do ďalekého kraja, lebo si chcel splniť veľký sen (v skutočnosti to však bola veľká ilúzia), v presvedčení, že nájde krásny život ďaleko od domova, že bude môcť byť nezávislý a sám zbohatne... Vôbec nerátal s tým, že utrpí veľkú porážku a vráti sa s prázdnymi rukami! Keď prišiel do ďalekého kraja, postupne všetko prehýril, bol oklamaný a rýchlo sa ocitol na mizine v čoraz žalostnejšom stave. Bol dokonca prinútený pásť svine, čo bola pre Židov veľká hanba — veď bravčové mäso je nečisté! Nemohol sa ani dosýta najesť. No práve vtedy, keď bol v núdzi, na samom dne, začal pomýšľať na svoj návrat. Iste ho k tomu priviedol hlad, no predsa len to bol návrat. Pomyslel si: *„Koľko nádenníkov u môjho otca má chleba nazvyš, a ja tu hyniem od hladu."* (Lk 15, 17) Vrátil sa teda domov. A to bol začiatok jeho obrátenia. Keď bol na dne, zmenil smerovanie a vrátil sa do svojej rodnej krajiny, kde je hojnosť, láska, harmónia sŕdc, kde bol túžobne očakávaný a kde mal všetko, čo je potrebné pre šťastný život. Je nám jasné, že tento otcovský dom predstavuje dom nášho nebeského Otca, čiže raj.

Aj my sa takto niekedy strácame na ceste hriechu. Počas tohto desiatku sa rozhodneme, že zmeníme svoje smerovanie a vrátime sa k Otcovi, ktorý nás bezpodmienečne miluje! Je to ten istý Otec, ktorého Ježiš spomína v podobenstve o márnotratnom synovi. Svätá Terézia od Dieťaťa Ježiša a Svätej Tváre nám dáva krásny príklad, lebo mala svoj vlastný spôsob, ako prežívala návrat. Svätá Terezka isto nepáchala smrteľné hriechy, ale predsa len bola hriešna ako my všetci. Vo svojom životopise opisuje, ako jedného dňa, keď si uvedomila, že spáchala hriech, pocítila veľkú radosť! Keď som čítala tie riadky, pomyslela som si: „Niečo tu nesedí! Tak ona spácha hriech, a pocíti radosť? Ako je to možné?" Keď som čítala ďalej, pochopila som... Len čo si Terezka uvedomila, že zhrešila, spomenula si na Ježišove slová: *„Tak bude aj v nebi väčšia radosť nad jedným hriešnikom, ktorý robí pokánie, ako nad deväťdesiatimi deviatimi spravodlivými, ktorí pokánie nepotrebujú."* (Lk 15, 7) A svätá Terezka ďalej píše: „V tej chvíli som si zrazu uvedomila, že tým hriešnikom som ja! Hneď som sa teda hodila do Ježišovej náruče. Tým som spôsobila veľkú radosť v nebi a aj ja sama som mala účasť na tejto radosti." To je úžasné! Len čo si uvedomila svoj hriech, hneď sa ponáhľala do Ježišovej náruče a vzápätí pocítila rovnakú radosť, akú cíti Boh, keď sa nejaký hriešnik vráti k nemu. Toto poznanie vystihuje to isté, čo podobenstvo o márnotratnom synovi.

A čo my? Ako dlho čakáme, kým sa hodíme do Ježišovej milosrdnej náruče po tom, čo sme zhrešili? Ako dlho sa brodíme vo svojom bahne a zúfame nad svojou biedou, hovoriac: „To sa dalo čakať, ja som to vedel, že zase padnem do toho istého hriechu! Nikdy to nedokážem, načo sa mám ešte snažiť, som neschopný!" Aké je to smutné! Brodíme sa v znechutení, či dokonca v beznádeji, a vôbec si neuvedomujeme, že tým pôsobíme veľkú radosť satanovi. Nikdy nesmieme zúfať nad svojou biedou, lebo tým dávame moc Zlému a strácame pokoj v srdci. Naopak, keď upriamime myseľ na Ježiša a hneď sa s pokorou obrátime k jeho milosrdnému Srdcu, On vráti našej duši pokoj a radosť.

Márnotratný syn sa vrátil, lebo ho k tomu donútil hlad, nepovedal otcovi ani slovo vďaky; je len hladný a vie, že v dome svojho otca nájde chlieb. Zato jeho otec, plný lásky, každý deň vychádzal na cestu a díval sa do diaľky v nádeji, že opäť uvidí svojho syna. Otcova túžba je dojímavá: nezmieril sa so životom bez svojho syna, ale túži ho nájsť a prejaviť mu svoju lásku. Spomeňme si na výkrik Boha v rajskej záhrade po Adamovom páde: *„Adam, kde si?"* (POROV. GN 3, 8) Boh nezniesol Adamovu neprítomnosť!

V deň svojho návratu si márnotratný syn na poslednom úseku cesty opakoval svoje vyznanie, ktoré si pripravil, ešte keď pásol svine:

> „Vstanem, pôjdem k otcovi a poviem mu: Otče, zhrešil som proti nebu i voči tebe. Už nie som hoden volať sa tvojím synom. Prijmi ma ako jedného zo svojich nádenníkov."
> (LK 15, 18-19)

Otec ho však prerušil. Nenechal ho ani dokončiť jeho vyznanie, zovrel ho v náručí a prejavil mu svoju nekonečnú lásku. A hneď dal svojim sluhom presné pokyny:

> „Rýchlo prineste najlepšie šaty a oblečte ho! Dajte mu prsteň na ruku a obuv na nohy! Priveďte vykŕmené teľa a zabite ho. Jedzme a veselo hodujme!" (LK 15, 22-24)

Keď ľutujeme svoje hriechy, získavame naspäť svoje miesto na hostine v Božom srdci. Vždy, keď sa niektoré z Božích detí vráti, Boh má veľkú radosť a oslavuje: hostinami vôbec nešetrí! Toto je Kristova radostná zvesť, nehľadajme ju inde! Naše hriechy nás robia smutnými a nešťastnými: *„Lebo mzdou* *hriechu je smrť.“* (Rim 6, 23) S hriechom sa cítime zle. Ani netušíme, že si tým vstrekujeme viac či menej silnú dávku „smrti", ktorá v nás vyvolá skľúčenosť, depresiu, agresivitu, hnev... a ak sa nevyspovedáme, bude sa to len zhoršovať. Hriech sa usídli v hĺbke srdca, bude tam pôsobiť a nahlodávať našu dušu. Ak sa chcem vrátiť k svojmu Otcovi, bežím na spoveď, lebo mám istotu, že je pripravený mi odpustiť; ba ešte lepšie, už mi vopred odpustil!

Očistime sa od hriechov a hoďme ich do rozpálenej pece Kristovho srdca, kde všetko zhorí, všetko zanikne. Avšak pozor na spomienky! Zlý ich môže veľmi šikovne využiť na to, aby nás pokúšal. On je vždy pripravený poukazovať na naše hriechy, hovoriac: „Len si spomeň, spáchal si toto, spáchal si tamto, padol si do pasce... Pozri sa na seba: stále sa dopúšťaš toho istého hriechu, hádam si nemyslíš, že by si sa mohol stať svätým, nebuď smiešny!" Takto nás zdeptáva, zatvára nám únikový východ, vyčíta nám našu hriešnosť, aby sme sa cítili deprimovaní a uzavreli sa do seba. Ale čo robí svätá Terezka? Upriami svoj pohľad na Ježiša a negatívne následky jej hriechu sa ihneď premenia na nebeskú radosť. Ani na chvíľu nepodľahla smútku, neuzavrela sa do seba, ale okamžite uprela svoj pohľad na Spasiteľa. Toto je svätosť! Svätec nie je človek, ktorý nikdy nehreší. No len čo spácha nejaký hriech, nezaoberá sa sám sebou, ale bez váhania sa vrhne do Ježišovho srdca, aby tam zanechal svoj hriech.

K tomuto nás Ježiš pozýva: „Obráťte sa, vráťte sa!" Keď povedal ochrnutému: *„Synu, odpúšťajú sa ti hriechy"* (Mk 2, 5), chcel tým povedať: „Poď na hostinu do môjho Srdca!" Ježiš prišiel, aby usporiadal oslavu, hostinu Novej zmluvy, na ktorú sme všetci pozvaní. Svojim apoštolom dal Ježiš moc odpúšťať hriechy. Akú len máme radosť, keď ideme za kňazom a pri spovedi počujeme slová: „Ja ťa rozhrešujem od tvojich hriechov v mene Otca i Syna i Ducha Svätého." V tej chvíli je kňaz *persona Christi*, to znamená, že prostredníctvom kňaza mi hriechy odpúšťa sám Kristus. Toto je sviatostná milosť: hmatateľný znak, hlas, rozhrešenie, ktoré vyslovil sám Ježiš.

Ježiš povedal svojim apoštolom: *„Prijmite Ducha Svätého. Komu odpustíte hriechy, budú mu odpustené, komu ich zadržíte, budú zadržané."* (Jn 20, 22-23) Túto mimoriadnu moc udelil svojim kňazom.

Pri tomto desiatku mám pre vás jeden návrh: zalovme vo svojej pamäti a spomeňme si na hriech, ktorý nás naposledy zarmútil, a hoďme ho do Kristovho rozpáleného srdca! Potom precíťme svoj návrat so slovami:

„Pane, som smutný kvôli tomuto hriechu, ktorý som nemal spáchať. Už viac nechcem toto zlo, zriekam sa ho a odovzdávam ti ho, aby si ho zničil. Upieram zrak na tvoje Srdce plné milosrdenstva a tak ako svätá Terezka, bežím k tebe na tvoju hostinu! Tam cítim tlkot tvojho Srdca, môjho Pastiera a Vykupiteľa, ktorý ma prijíma s neopísateľnou radosťou! Vidím Otca, ktorý na mňa čaká, vraciam sa do radosti Kráľovstva a využívam túto príležitosť. Zabúdam na svoje hriechy a celkom sa ponáram do slávnostnej atmosféry. Navliekaš mi prsteň na prst, obúvaš mi sandále, obliekaš mi tuniku a prikazuješ sluhom, aby zabili vykŕmené teľa na hostinu. So slobodným srdcom sa zapájam do oslavy a hodujem."

Pokračujme ďalej zamyslením sa nad Desatorom ˙ (porov. Ex 20, 1-17):

˙ Pozri tiež vynikajúce komentáre v Katechizme Katolíckej cirkvi (KKC § 2084 až 2557).

1. NEBUDEŠ MAŤ INÝCH BOHOV OKREM MŇA!

2. NEUROBÍŠ SI MODLU, ani nijakú podobu toho, čo je hore na nebi, dolu na zemi alebo vo vode pod zemou! Nebudeš sa im klaňať, ani ich uctievať, lebo ja, Pán, tvoj Boh, som žiarlivý Boh, ktorý tresce neprávosti otcov na deťoch do tretieho a štvrtého pokolenia u tých, čo ma nenávidia, milosrdenstvo však preukazuje až do tisíceho pokolenia tým, čo ma milujú a zachovávajú moje príkazy.

3. NEVEZMEŠ MENO PÁNA, SVOJHO BOHA, NADARMO! Lebo Pán nenechá bez trestu toho, kto bude brať jeho meno nadarmo.

4. SPOMNI NA SOBOTŇAJŠÍ DEŇ, ABY SI HO ZASVÄTIL! Šesť dní budeš pracovať a tvoriť všetky svoje diela, siedmy deň je však sobota Pána, tvojho Boha. Vtedy nebudeš konať nijakú prácu ani ty, ani tvoj syn alebo tvoja dcéra, ani tvoj sluha alebo tvoja slúžka, ani tvoj dobytok, ani cudzinec, ktorý býva v tvojich bránach! Lebo za šesť dní Pán utvoril nebo a zem, more a všetko, čo je v nich, v siedmy deň však odpočíval. Preto ho Pán požehnal a zasvätil ho.

5. CTI SVOJHO OTCA A SVOJU MATKU, aby si dlho žil na zemi, ktorú ti dá Pán, tvoj Boh!

6. NEZABIJEŠ!

7. NESCUDZOLOŽÍŠ!

8. NEPOKRADNEŠ!

9. NEVYSLOVÍŠ KRIVÉ SVEDECTVO proti svojmu blížnemu!

10. NEPOŽIADAŠ dom svojho blížneho, ani nepožiadaš manželku svojho blížneho, ani jeho sluhu, ani jeho slúžku, ani vola, ani osla, ani nič, čo je tvojho blížneho!

ŠTVRTÉ TAJOMSTVO SVETLA

Premenenie na vrchu Tábor

Toto tajomstvo nás privádza na horu, na vrch Tábor. Výstup je síce náročný, ale je tam krásne. Ponúka sa nám výhľad na celú Galileu, na kraj, o ktorom bolo napísané: *„Galilea pohanov! Ľud bývajúci v temnotách uvidel veľké svetlo."* (Mt 4, 15-16 a Iz 9, 1) Ježiš zobral so sebou troch učeníkov — Petra, Jakuba a Jána — a na vrchu sa pred nimi premenil.

Tajomstvo premenenia je tajomstvom svetla v pravom zmysle slova. Ježiš tam zjavil celé svoje božstvo. Jeho božská prirodzenosť zvyčajne zostávala skrytá pred zrakom jeho učeníkov. Ježiš však chcel roztrhnúť závoj svojho tela a ich ľudskej prirodzenosti, aby mohli uzrieť nielen Ježišovo oslávené telo, ako bude vyzerať po jeho blížiacej sa hroznej smrti, ale tiež slávu ich nesmrteľných tiel. V jednej liturgickej modlitbe vyznávame: *„Plné sú nebesia i zem tvojej slávy."* a tiež: *„Tábor a Hermon sa z tvojho mena radujú."* (Ž 89, 13) Celé stvorenie je naozaj plné Božej slávy. Stromy, kopce, roviny, hory, údolia, nebo, hviezdy, planéty, zvieratá a všetko, čo obýva nebo a zem; celé stvorenstvo žiari Božou slávou a vzdychá v očakávaní zjavenia Božieho Syna.

„Je tam neopísateľné svetlo," hovorí vizionárka Vicka, ktorej v roku 1981 Panna Mária ukázala nebo. „Nenachádzam slov, ktorými by som opísala nebeské svetlo, také svetlo na zemi neexistuje!"

Aj my môžeme byť premenení, aj my sa môžeme nechať prežiariť Božím svetlom. Sme chrámom živého Boha a prebýva v nás Najsvätejšia Trojica. Preto sa musíme pohrúžiť, to znamená sústrediť všetky naše schopnosti, rozum, pozornosť, pamäť, našu schopnosť milovať aj našu vnímavosť, aby sme vnútorne kontemplovali Boha, ktorý v nás prebýva. Takáto je duchovná skúsenosť svätej Terézie z Avily: keď vstúpime do svadobnej komnaty a zotrváme v prítomnosti Najsvätejšej Trojice, ktorá v nás prebýva, budeme čoraz viac naplnení svetlom a budeme schopní ho aj vyžarovať.

Spomedzi tých, čo zakúsili hlboké zjednotenie s Bohom, sa niektorí stali znamením premenenia pre ostatných, tak ako svätý Serafim Sarovský, veľký ruský svätec 19. storočia. Keď sa ho mladý Motovilov opýtal, kto je Duch Svätý, Serafim mu neodpovedal, ale sa pred ním premenil a z jeho tváre vyžarovalo oslňujúce svetlo. Jeho tvár bola celá zaliata svetlom. Mladíka naplnila hlboká radosť, pocítil nesmierny pokoj, príjemné teplo (uprostred zasneženej sarovskej púšte) a hneď pochopil, že sa mu zjavil Duch Svätý. Svätý Serafim sa predtým celé roky modlil a postil. Odkedy vstúpil do kláštora, neprestal hľadať dôverný a hlboký vzťah s Kristom. Keď mal šesťdesiatšesť rokov, odišiel zo sarovskej púšte, kde dovtedy žil ako pustovník, a vrátil sa do kláštora, aby prijímal a viedol zástupy ľudí, ktorí za ním prichádzali, lebo nad každým z nich prejavoval svoje mimoriadne dary.

Čím dokonalejšie je naše zjednotenie s Kristom v skrytom svätostánku nášho srdca, tým viac sa premieňame a stávame sa mu podobnými. Pán niekedy zjavuje aj viditeľné znaky premenenia. Pán napríklad zjavil podobné znamenie spolusestrám svätej Terezky vo chvíli jej smrti v karmeli v Lisieux. Jedna fotografia ju zachytáva na smrteľnom lôžku, kde celá žiari! Na jej tvári už nebolo ani stopy po utrpení, ktoré zakúsila: bola celá zaliata svetlom. Aj páter Pio bol natoľko zjednotený s Kristom, že jeho blízki ho niekedy videli premeneného.

> „Ako sa modlil, zmenil sa vzhľad jeho tváre a jeho odev zažiaril belobou... A z oblaku zaznel hlas: ,Toto je môj vyvolený Syn, počúvajte ho!'" (Lk 9, 29-35)

Urobme si teraz jednoduchý test: kontemplujme Božie svetlo v našom srdci a snažme sa čo najviac uvidieť Ježiša cez závoj nášho tela.

Pohľadom viery kontemplujme nebo v Božom svetle a usilujme sa z neho urobiť svoju absolútnu prioritu. Toto chcem zdôrazniť, pretože v dnešnej dobe máme priveľa rozptýlení, lákadiel a starostí, ktoré nás vzďaľujú od toho, na čom skutočne záleží. V Medžugorí nám Panna Mária hovorí: „Deti moje, nezabúdajte, že cieľom vášho života je nebo! Váš život na zemi je v porovnaní s večnosťou len kratučká prechádzka!" Zmocnime sa neba hneď teraz! Pán nám nedal len akési nejasné prisľúbenie typu: „Trpte tu na zemi a ja vám zaručím nebo." Pozor, tak to vôbec nie je! Ježiš nám pripravil miesto po svojom boku v nebi. To miesto je už pripravené, ale nesmieme oň prísť! Pán pre nás získal nebo tým, že zvíťazil nad smrťou.

Ako kresťania máme za úlohu nielen smerovať k nebu, nášmu konečnému cieľu, ale už teraz máme prežívať nebo v našom srdci! Všetci svätí, vrátane tých, ktorí zakúsili veľmi ťažké utrpenie, podobne ako francúzska mystička, ctihodná Marta Robinová, vždy prežívali radosť Božieho kráľovstva aj v čase skúšok, náporu a búrky. Títo svätí by svoj životný údel nevymenili za nič na svete, lebo ich radosť zo zjednotenia s Kristom v láske bola neopísateľná! Toto je dôležité a prorocké aj v dnešnej dobe: pripravovať sa na nebeskú blaženosť tým, že budeme prežívať tento čas milosti, o ktorom nám hovorí Panna Mária. Premenenie je v skutočnosti predsieňou raja.

Panna Mária nám zanechala aj toto krásne posolstvo: „Drahé deti, ak sa mi odovzdáte, nebudete ani cítiť prechod z tohto života do večného života. Budete môcť začať prežívať raj už tu na zemi." (Posolstvo dané modlitebnej skupine 8. augusta 1986)

Ak túžime po peknej smrti, žime pekný život. Ak vám poviem: „Mojím cieľom je nebo, tam sa chcem dostať," je jasné, že nemám na mysli očistec! Samozrejme, treba si poriadne očistiť svoju dušu, ale Boh si praje, aby sme boli svätí a čistí, pretože sme už boli očistení! Očistec je tu pre tých, ktorým ušiel vlak a nenaučili sa dostatočne milovať.

Tak ako existujú pravidlá cestnej premávky, existujú aj pravidlá, ako prísť do neba. Tieto pravidlá nás učia, že stredobodom nášho života má byť láska. Hlavnou cestou, ktorú si máme zvoliť, je cesta lásky! Panna Mária nám hovorí: „Drahé deti, nech vo vás prevláda láska! Nie však ľudská láska, ale Božia láska." Ak chcem prísť do neba, musím si zvoliť cestu lásky a sebadarovania, ktoré nás privádza až k obete.

Keďže sa nachádzame na vrchu Tábor, navrhujem, aby sme počas tohto desiatku kontemplovali Božiu nádheru a slávu. Tá sláva sa nedá opísať. Je to spojenie lásky a svetla. Kontemplujúc Kristovu slávu, znovu nastavme svoj kurz smerom k nebu. Samozrejme, ak zakúšam nápor, búrky a silný protivietor, moje kormidlo sa odkloní a rýchlo strácam smer. Nebo už nie je mojím cieľom. Vtedy sa ocitám na ceste, ktorá ma viac priťahuje a zabúdam, že mojím správnym smerom je nebo. Počas tohto desiatku nastavím svoj kompas a zameriam sa na nebo. Ak ma niekto alebo niečo spomalí, či dokonca zabrzdí, bez váhania sa dám do práce, aby som odstránil z cesty prekážku a bežal ďalej k nebu, ako hovorí svätý Pavol.

Zatvorme teraz oči a sústreďme sa na nádhernú tvár premeneného Ježiša. V našom srdci sa ozýva hlas nebeského Otca: *„Toto je môj vyvolený Syn, počúvajte ho!"* (Lk 9, 35) Budem ho počúvať! A čo mi hovorí Ježiš? „Poď so mnou! Nasleduj ma! Vari som sa za teba nemodlil pred svojím umučením? *„Otče, chcem, aby aj tí, ktorých si mi dal, boli so mnou tam, kde som ja..."* (Jn 17, 24) Ježiš ma chce vziať k sebe do neba; vylial svoju krv, aby mi v nebi pripravil miesto. Budem ho teda zo všetkých síl nasledovať a umožním mu, aby žil vo mne a urobil si v mojom srdci svoj malý svätostánok!

PIATE TAJOMSTVO SVETLA

Ustanovenie Oltárnej sviatosti

Teraz poďme ako deti do večeradla: je to miestnosť na poschodí, ktorú Peter a Ján starostlivo pripravili podľa Ježišových pokynov, aby tam oslávili Veľkú noc, inými slovami Poslednú večeru. Sadáme si k stolu spolu s apoštolmi a čakáme, čo sa bude diať, celí šťastní, že môžeme mať účasť na tejto slávnostnej a zároveň súkromnej udalosti. Často myslím na svedectvo sestry Faustíny, ktorá bola svedkom Poslednej večere a opisuje ju vo svojom *Denníčku*:

„Svätá hodina — štvrtok. V tejto hodine modlitby mi Ježiš dovolil vstúpiť do Večeradla a bola som prítomná pri tom, čo sa tam dialo. Najhlbšie sa ma dotkla chvíľa, v ktorej Ježiš pred premenením pozdvihol oči k nebu a vstúpil do tajomného rozhovoru so svojím Otcom. Túto chvíľu spoznáme náležite až vo večnosti. Jeho oči boli ako dva plamene, tvár rozžiarená, biela ako sneh, celá postava majestátna, jeho duša roztúžená. Vo chvíli premenenia si odpočinula naplnená láska — obeta bola v celej plnosti dokonaná. Teraz bude nasledovať už len vonkajšia ceremónia smrti — vonkajšia obeta, podstata je vo Večeradle. Po celý život som nezažila také hlboké poznanie tohto tajomstva ako v tejto hodine adorácie. Ó, ako vrúcne túžim, aby celý svet spoznal toto nepreniknuteľné tajomstvo." (Denníček § 684)

Predstavme si Poslednú večeru: sedíme pri stole s Ježišom a dívame sa, ako berie do rúk chlieb a hovorí: *"Vezmite a jedzte z neho všetci: Toto je moje telo, ktoré sa obetuje za vás."* Po večeri vidíme, ako berie víno a hovorí: *"Vezmite a pite z neho všetci: Toto je kalich mojej krvi, ktorá sa vylieva za vás i za všetkých na odpustenie hriechov. Je to krv novej a večnej zmluvy."* Ježiš si nevybral tento pokrm náhodne; chcel sa darovať svojim apoštolom a zostať prítomný v Cirkvi až do skončenia sveta. Keď prijímame potravu, jedlo vyživuje naše bunky, vstupuje do nášho tela, preniká do všetkých zákutí nášho tela a regeneruje ho. Jedlo sa určitým spôsobom premieňa v nás. S Eucharistiou je to presne naopak: Ježiš sa stáva pokrmom, aby prenikol do hĺbky nášho bytia a vnútorne nás premieňal v seba samého. Aké veľké tajomstvo! Už to nie sme my, kto prijíma pokrm a premieňa ho v seba, ale Ježiš sa sám stáva pokrmom, aby nás premieňal v seba. Ježiš vstupuje do najmenších zákutí nášho bytia, srdca, duše, ducha, tela, psychiky, pocitov, vnímania a preniká až do nášho podvedomia a do najhlbších sfér nášho bytia. Môže pre nás, Božie stvorenia, existovať ešte niečo krajšie? Veď Boh sa stáva pokrmom, aby nás premieňal v seba samého! Aké je len dobré prijímať Ježišovo telo! Je to priam nevyhnutné. Sme slabí a hriešni, často sme chorí na tele i na duchu, a Ježiš k nám prichádza so svojou životodarnou silou.

Marta Robinová sa takto modlievala: „Ó, Ježišu, ďakujem ti, že nás prijímaš takých, akí sme, a odovzdávaš nás Otcovi takých, aký si ty."

Ďalšou mimoriadnou vlastnosťou Eucharistie je to, že Ježiš sa nám dáva vo svojej úplnosti a prináša so sebou všetky dary, milosti a požehnania, ktoré každá duša potrebuje. Vnútorne nás premieňa. Dáva sa nám do takej miery, nakoľko máme otvorené srdce, pričom táto otvorenosť musí byť slobodná, lebo Ježiš nikdy nikoho nenúti. Ježiš sa nám veľmi túži odovzdať. Svätí nerobili nič iné, len ho prijímali takého, aký je, po všetkých stránkach. My si však veľmi často nechávame iba malý kúsok Ježiša. Rýchlo sa pomodlíme: „Pane, ďakujem, že si ku mne prišiel," a tým to pre nás končí. Naše myšlienky sa rozutekajú a vnútorný dialóg sa preruší až do najbližšej nedele. Ježiš však často zjavoval mystikom, že jeho potešením je odovzdávať sa dušiam a prinášať im svoje milosti. Nevyžaduje od nás dokonalosť, aby sa nám odovzdal; nedaruje sa preto, že sme dobrí, ale skôr preto, aby nám pomohol stať sa dobrými a premieňal nás v seba samého. Duša, ktorá sa úplne otvára Ježišovi, mu umožňuje, aby sa v nej usídlil v celej svojej plnosti. Takáto duša dovoľuje Ježišovi, aby ju premenil do hĺbky a okamžite. Túto pravdu nám objasňuje jedna príhoda sestry Faustíny:

„Dnes, keď som prijímala sv. prijímanie, všimla som si živú hostiu v kalichu, ktorú mi kňaz podal. Keď som prišla na miesto, opýtala som sa Pána: ,Prečo je jedna hostia živá? Veď si tak isto vo všetkých podobách živý.' Pán mi odpovedal: ,Áno, vo všetkých podobách som ten istý, ale nie všetky duše ma prijímajú s takou živou vierou ako ty, dcéra moja. Preto nemôžem v ich dušiach pôsobiť tak ako v tvojej duši.'" (Denníček § 1407)

V Medžugorí nám Panna Mária vždy odporúčala, aby sme prežívali svätú omšu srdcom: „Svätá omša nech je vaším životom." (25. apríla 1988) „Drahé deti, keby ste vedeli, aké dary a milosti dostávate pri svätej omši, chodili by ste na ňu každý deň a najmenej hodinu by ste sa na ňu pripravovali." Ježiš je taký pokorný! Ľahko ho potešíme tým, že ho prijmeme do svojho vnútra. Keď je v nás Ježiš bytostne prítomný, to je tá najsvätejšia chvíľa. „Je to najposvätnejší moment vášho života", povedala Panna Mária Vicke.

V tej chvíli nám Pán udeľuje všetky svoje milosti: uzdravenie, oslobodenie, svetlo a pokoj. V okamihu dôverného vzájomného odovzdania nám Pán dáva svoju dokonalú radosť. Čím je táto dôvernosť silnejšia, tým väčší a hlbší je jeho dar. Jeho svätosť nás posväcuje, jeho sila nás posilňuje, jeho krása nás robí krajšími, jeho nežnosť nás robí nežnejšími, jeho radosť nás robí radostnými a jeho život nás oživuje. Dáva nám svoj pokoj — pokoj, aký nám svet nemôže dať. V tej chvíli je v nás Ježiš tak silne prítomný, že keby sme cestou zo svätej omše stretli na ulici jeho Matku, pokľakla by pred nami, lebo by v nás videla Ježiša.

Ježiš sa však nedáva všetkým dušiam rovnako: niektoré duše ho prijímajú dobre, ale iné chodia na sväté prijímanie a pritom žijú v ťažkých hriechoch. O týchto dušiach Ježiš povedal svätej Faustíne: „Do niektorých sŕdc idem ako na opätovné mučenie." (Denníček § 1598) Pred svätým prijímaním je dôležité, aby sme si očistili dušu úprimnou modlitbou, spytovaním svedomia, a ak je to potrebné, aj dobrou spoveďou.

„Zrieknite sa hriechu, ktorý vo vás prebýva," vyzýva nás Panna Mária. Možno si niekedy myslíme, že nemôžeme prijať Ježiša, lebo toho nie sme hodní. V takom prípade si spomeňme na Ježišove slová: *„Lekára nepotrebujú zdraví, ale chorí."* (Lk 5, 31) Sme teda na jeho zozname! Ježiš rád pracuje, ako to aj sám povedal: *„Môj Otec pracuje doteraz, aj ja pracujem."* (Jn 5, 17) Aj keď otvoríme svoje srdce Ježišovi v celej našej jednoduchosti, radosti a dobrej vôli, Ježiš v ňom aj tak nájde choroby, slabosti a zlé myšlienky. Aký je však rád, že môže pracovať! Nechajme pôsobiť Lekára našich sŕdc, nášho

Spasiteľa. On nás tak veľmi túži premieňať svojou milosťou! Veľmi ho zarmucuje, keď ho naše duše odmietajú, keď vidí, aké sú choré a prázdne. Zamyslime sa nad tým, čo Ježiš povedal sestre Faustíne:

„Ach, ako ma bolí, že duše sa vo sv. prijímaní tak málo spájajú so mnou. Čakám na ne, a ony sú voči mne ľahostajné. Milujem ich tak nežne a úprimne, a ony mi nedôverujú. Chcem ich zasypať milosťami — ony ich nechcú prijať. Zaobchádzajú so mnou ako s niečím mŕtvym, a predsa mám srdce plné lásky a milosrdenstva. Aby si poznala aspoň trochu moju bolesť, predstav si najnežnejšiu matku, ktorá veľmi miluje svoje deti, avšak tieto deti pohŕdajú matkinou láskou. Rozjímaj nad jej bolesťou, nikto ju nepoteší." (Denníček § 1447)

Keď Ježiš pri svätom prijímaní prichádza k duši, ktorá sa pred ním uzavrela, nedobýja sa násilím dnu, ale je nútený odísť aj so všetkými darmi a milosťami, ktoré pre ňu s veľkou láskou pripravil. Jeho srdce je však zlomené bolesťou. Predstavte si, že ste pripravili úžasnú narodeninovú oslavu pre človeka, ktorého nesmierne milujete. Všetko je pripravené: darčeky, kvety, stôl... Ale ten človek vám zavolá: „Neprídem!" Predstavte si, ako by vás to bolelo. Darčeky zostanú nerozbalené... Ako sa správame k Ježišovi, ktorý sa nám dáva v Eucharistii? Cítime prázdnotu, nedostatok lásky a nežnosti? A kto nás môže naplniť lepšie ako Ježiš? Kto by to s radosťou urobil, ak nie On? Ani si nevieme predstaviť, akú má radosť, keď mu otvoríme srdce dokorán a dovolíme mu doň vstúpiť!

Panna Mária nás v Medžugorí naučila, ako sa máme sústrediť na Eucharistiu. Centrom záujmu v Medžugorí nie sú každodenné zjavenia, ale svätá omša! „Ak prijímanie môjho Syna v Eucharistii je stredobodom vášho života, potom sa nebojte, môžete všetko. Ja som s vami." (2. júna 2012) Mária je vždy pri svojom Synovi a vždy je s nami, keď sa mu klaniame aj keď ho prijímame. Som jediný účastník na svätej omši? Som úplne sám pred svätostánkom v mojej farnosti? V skutočnosti nie som nikdy sám, lebo je pri mne Kráľovná pokoja, ktorá sa teší z mojej prítomnosti. Okrem toho je tam s ňou aj celá nebeská Cirkev: anjeli, archanjeli a svätí. Nie je to úžasné? O koľko milostí sa oberáme, ak zanedbávame každodennú svätú omšu, keď nám to okolnosti dovoľujú! Ctihodná Marta Robinová povedala: „Náš stupeň slávy v nebi bude závisieť od kvality našich svätých prijímaní na zemi."

A čo milosti, ktoré dostávame počas adorácie? Ježiš je prítomný v hostii ako živá bytosť, a to vo všetkých etapách svojho života. Máme pred sebou ešte nenarodeného Ježiška, ktorý pláva v lone Panny Márie, aj novonarodeného Ježiška v Betleheme, ktorému sa klaňajú pastieri. Je pred nami dieťa Ježiš, ktorý uteká do Egypta a neskôr žije v skrytosti v Nazarete. Hľadíme na dospelého Ježiša — tesára, ktorý pracuje so svojím otcom Jozefom a vykonáva prácu pre svojich zákazníkov. Máme pred sebou Ježiša — Učiteľa, ktorý vyučuje zástupy počas svojho verejného účinkovania; potom Ježiša umučeného na kríži, mŕtveho Ježiša, zmŕtvychvstalého Ježiša aj Ježiša, ktorý slávne vystupuje do neba a sedí po pravici Otca. Môžeme ho kontemplovať vo všetkých etapách jeho života podľa toho, čo si vyberieme a čo nám je blízke, a rozjímať nad tým, čo nám Duch Svätý v tej chvíli vnukne. Vtedy sa nám zjavuje život Ježiša, ktorého kontemplujeme, a odhaľuje sa nám to, čo je neviditeľné.

Jedného dňa som sa opýtala vizionárky Vicky, čo im Panna Mária povedala o svätom prijímaní na začiatku zjavení. Toto je jej posolstvo: „Drahé deti, keď prijmete Ježiša vo svätom prijímaní a vrátite sa na miesto, neobzerajte sa okolo seba, neposudzujte kňaza, ale kľaknite si aspoň na desať minút a rozprávajte sa s mojím Synom Ježišom, ktorý je vo vašom srdci." Chcela som ju trochu podpichnúť, tak som sa jej spýtala: „Vicka, si si istá, že Panna Mária povedala *desať minút?*" „Nie, sestra Emmanuel. Nepovedala *desať minút*, ale *najmenej desať minút*. Teda minimálne desať minút, ale v skutočnosti by bola radšej, keby to bolo dvadsať minút." Dvadsať minút totiž trvá, kým sa hostia úplne rozpustí, a týchto dvadsať minút je nekonečne vzácnych.

„Prichádzajte na svätú omšu každý deň, ak vám to okolnosti dovolia," vrelo nám odporúča Kráľovná pokoja. Ako by sme si mohli nechať ujsť takú skvelú príležitosť, ktorá nás premieňa, posväcuje a robí nás lepšími? Svätá omša má byť vždy centrom nášho života: „Svätá omša nech osvecuje zvyšok vášho dňa," pripomína nám naša nebeská Matka.

Zapamätajte si jednu vec: nikdy nerušte človeka, ktorý sa po svätom prijímaní začal modliť ďakovnú modlitbu, lebo v tej chvíli sa deje čosi božské. Prečo by sme mali rušiť tajný rozhovor medzi Božím hosťom a dušou? Načo rozprávať nahlas? Čo také dôležité chceme povedať? „Videla si, aký má klobúk tá žena tam vpredu?" „Čo budeš robiť dnes večer?" Pozor, Ježiš nemá rád prázdne reči!

Ježiš povedal svätej Faustíne: „Napíš pre zasvätené duše, že je pre mňa rozkoš prichádzať do ich sŕdc vo svätom prijímaní." (DENNÍČEK § 1683) O dušiach, ktoré sa nachádzajú v stave ťažkého hriechu, jej však vyjavil bolestnú pravdu: „Do niektorých sŕdc idem ako na opätovné mučenie." (DENNÍČEK § 1598)

Toto spojenie je natoľko intenzívne a pevné, že duša sa takmer stotožňuje s Pánom. Keď vychádzame z kostola a stretneme neveriacich, pohanov, ktorí nepoznajú Ježiša, pozerajme sa na nich tak, akoby sa na nich pozeral sám Ježiš. Možno pre niektorých z nich, keď sa nás dotknú, bude to jediný raz v ich živote, kedy sa dotkli Ježiša. Marta Robinová vyhlásila: „Každý kresťanský život je omšou a každá duša je hostiou." Kiežby sa celý náš život stal oslavou zjednotenia našej duše s Ježišom!

Sestra Faustína si to dobre uvedomovala:

„Ó, milosrdný Ježišu, s akou túžbou si sa ponáhľal do Večeradla, aby si premenil hostiu, ktorú ja mám prijať vo svojom živote. Túžil si, ó, Ježišu, prebývať v mojom srdci. Tvoja živá krv sa spája s mojou krvou. Kto pochopí to tesné spojenie? Moje srdce ukrýva Všemohúceho, Nepochopiteľného. Ó, Ježišu, dávaj mi svoj Boží život, nech Tvoja čistá a šľachetná krv pulzuje celou silou v mojom srdci. Odovzdávam Ti celú moju bytosť, premeň ma v seba, urob ma schopnou plniť vo všetkom Tvoju svätú vôľu a milovať Ťa. Ó, môj sladký Ženích..." (DENNÍČEK § 832)

Porozprávam vám jednu príhodu, ktorá sa udiala, keď sestra Briege McKenna * viedla duchovnú obnovu pre kňazov spolu s otcom Kevinom, ktorý ju často sprevádzal. Boli spolu v reštaurácii a pomodlili sa nad jedlom: „Pane, požehnaj tieto dary aj tých, ktorí sú okolo nás. Zasadni k nášmu stolu a buď naším hosťom." Len čo to sestra Briege dopovedala, znehybnela a zrak upierala kamsi do prázdna. Otec Kevin pochopil, že mala videnie. Keď sa prebrala, spýtala sa ho: „Videl si to, čo ja? Keď sme sa modlili a pozvali Pána k nášmu stolu, videla som, ako prišiel k nám a prihovoril sa mi. Nenachádzam slová, akými by som opísala jeho krásu." Bola celá rozrušená a chvela

---

* Sestra Briege McKenna je írska rehoľná sestra, veľmi známa v anglicky hovoriacich krajinách. Vedie duchovné obnovy pre kňazov a evanjelizuje po celom svete, pričom hovorí najmä o Eucharistii. Dostala špeciálnu charizmu uzdravovania a slovo poznania.

sa. „Povedal mi tri veci: ‚Keď ma niekde milujú, uctievajú a pozývajú, ja vždy prídem!'" Ani nemusím dodávať, že odvtedy u nás pozývame Ježiša ku každému jedlu. Rozhovory pri stole už nie sú také ako predtým. A čo keby sme Ježiša pozývali častejšie, aj viackrát za deň? Ak sa nám niekedy nepodarí ísť na svätú omšu — nie z lenivosti, ale preto, že nám to okolnosti nedovoľujú — môžeme prijať Ježiša duchovne, nazýva sa to aj *prijímanie túžbou*. Stačí pozvať Ježiša do nášho srdca a On k nám veľmi rád príde neviditeľným spôsobom. Duchovné prijímanie môžeme opakovať aj každú hodinu a takto pozývať Ježiša, aby s nami strávil celý deň.

V tomto desiatku vám navrhujem, aby ste si urobili pekné duchovné prijímanie. V prítomnosti Panny Márie dajte Pánovi najavo, že ho túžite prijať, a z celého srdca ho pozvite k sebe. Určite príde!

„Pôsob vo mne, ó, Ježišu, obnov, čo je zlomené, naplň, čo je prázdne, obviaž mi rany, uzdrav moje choroby a zažeň všetkých zlých duchov, ktorí ma pokúšajú a sužujú. Zažiar svojím svetlom v mojej temnote, osláv sa vo mne! Buď pri mne v mojom utrpení, dotkni sa ma v hĺbke môjho srdca a naplň ma svojím životom. Pane, žíznim po tebe. Príď uhasiť môj smäd! Ó, Pane Ježišu, ty si ten najkrajší zo synov človeka!"

Bolestné tajomstvá

V láske a medziľudských vzťahoch existuje niekoľko „úrovní". Ak niekoho sotva poznáme, rozprávame sa s ním o povrchných témach, napr. „Ako sa darí? Aké máme krásne počasie!" Keď sa však vzťah prehlbuje, učíme sa toho druhého milovať a postupne mu otvárať svoje srdce. S tým, koho najviac milujeme a komu dôverujeme, zdieľame aj svoje trápenia, bolesti a hlboké zranenia. Rovnako je to aj s Ježišom. Chce nás pritiahnuť do svojho Srdca a nadviazať s nami dôverný a hlboký vzťah, aby nám mohol povedať aj o svojom utrpení. Čím viac Ježiša milujeme, tým väčšiu máme účasť na jeho utrpení a tým viac túžime prežívať s ním každú chvíľu. Ježiša začíname milovať vtedy, keď túžime zdieľať jeho bolesti a utešovať ho. To je ozajstná láska — láska, ktorá sa obetuje a daruje, na rozdiel od sebeckej lásky, ktorá chce všetko pre seba.

Kontemplácia Ježišovho umučenia je preto najrýchlejší spôsob, ako sa mu môžeme stať podobnými. Je dobré si to znova pripomenúť: stávame sa tým, čo kontemplujeme. Keď kontemplujeme Ježišovo umučenie, ktoré je tým najväčším prejavom lásky, nasávame jeho lásku: Ježiš do nás božským spôsobom preniká, zahŕňa nás svojimi darmi a našu dušu robí krajšou. Sám Ježiš to povedal viacerým svätým, najmä svätej Faustíne: „Dcéra moja, tvoje spolucítenie je pre mňa úľavou. Tvoja duša nadobúda zvláštnu krásu, keď rozjímaš o mojom umučení." (Denníček § 1657). A tiež: „Najviac sa mi páčiš, keď rozjímaš o mojom bolestnom umučení. Spájaj svoje malé utrpenia s mojím bolestným umučením, aby mali nekonečnú hodnotu pred mojím majestátom." (Denníček § 1511)

Čím viac sa priblížujeme k trpiacemu Ježišovi, tým viac sme odetí jeho slávou. Svätý Pavol to jasne vysvetľuje vo svojich listoch. Môžeme rozjímať nad mnohými tajomstvami, no práve pri bolestných tajomstvách sa ponárame do samej hĺbky Kristovho Srdca. Jeho nádhera a sláva je pokrmom našej duše.

PRVÉ BOLESTNÉ TAJOMSTVO

Ježišovo utrpenie v Getsemanskej záhrade

Tak ako v predošlých tajomstvách, opäť vás pozývam, aby ste zatvorili fyzické oči a otvorili svoj duchovný zrak, aby ste sa mohli v duchu preniesť do Jeruzalema. Ježiša sme zanechali vo večeradle, kde ustanovil Eucharistiu. Keď lámal chlieb života, celkom sa obetoval; jeho obeta bola dokonaná, chýbala už len fyzická smrť.

Kráčajme spolu s ním a počúvajme, ako spieva chválospevy so svojimi učeníkmi (Mk 14, 26). Nenechajme ho samého, nasledujme ho v tejto temnej noci.

Prišli sme na Olivovú horu. Svojím duchovným zrakom hľadám Ježiša. Aha, tam je! Je na kolenách a prežíva smrteľnú úzkosť. Potom vstane a podíde k trom apoštolom, ktorí sú tam s ním — jeho verní priatelia Peter, Jakub a Ján — a hovorí im: *„Moja duša je smutná až na smrť. Ostaňte tu a bdejte so mnou!"* (Mt 26, 38) Toto pozvanie zostať s ním adresuje aj nám. Ježiš len málokedy hovoril: *„Poďte so mnou!"* V tejto chvíli však potrebuje našu prítomnosť a podporu viac než kedykoľvek predtým. Túžime zostať s ním. Keď je nám niekto drahý, chceme stáť pri ňom nielen vtedy, keď je všetko v poriadku a usmieva sa na nás šťastie, ale za každých okolností — najmä keď Ježiš alebo naši blízki prežívajú smrteľnú úzkosť.

V Getsemanskej záhrade je Ježiš sám a opustený. Je smutný až na smrť, až tak, že sa potí krvou! Čo je dôvodom jeho úzkosti, ktorá mu spôsobuje také muky? V tej hodine mu satan ukázal všetky hriechy sveta, od prvého dňa, keď človek zhrešil, až po koniec sveta. Ježiš videl všetky naše hriechy jeden za druhým. V tej chvíli zobral na seba celú hriešnosť ľudstva. Jeho duša prekračuje hranice priestoru a času, lebo v Božom svetle skúma a zakúša život všetkých ľudí, každého jednotlivo: naše odmietanie, pohŕdanie, nezáujem, surovosť, sarkazmus, všetku možnú nečistotu, klamstvá, hrôzy a tie najohavnejšie skutky. Vidí svätokrádeže a čierne omše, vidí, ako je jeho telo v Eucharistii potupované a ako ľahko mnohí urážajú tento mimoriadny dar, ktorým je Eucharistia.

Satan je tam, lebo zlo je neodbytné. Zatiaľ čo Ježiša opustili jeho priatelia a dolieha naňho hrôza našich hriechov, diabol sa ho pokúša zničiť. Robí všetko pre to, aby ho odradil, aby nepokračoval vo svojej ceste. Aké strašné pokušenie! Diabol ukázal Ježišovi, že jeho obeta je pre mnohé duše zbytočná: „Vidíš sám, že všetko, čo sa chystáš podstúpiť, je úplne zbytočné — ľudia páchajú len hriechy a budú v tom pokračovať. Tvoje poslanie je odsúdené na neúspech..." A Ježiš naozaj mohol vidieť, aká zbytočná je jeho obeta pre niektoré duše. Už vtedy totiž vedel, že niektoré duše odmietnu jeho milosrdenstvo aj v posledných chvíľach, ktoré budú mať na to, aby sa zmierili s Bohom. Mystička Marta Robinová, ktorá päťdesiat rokov každý týždeň prežívala Kristovo umučenie, povedala, že pri umučení „veľa nechýbalo, a Ježiš by bol úplne zdrvený"!

Ježiš má však vo svojom srdci skrytý oheň. Už od počatia bolo jeho jedinou túžbou plniť Otcovu vôľu. Aj teraz, v hodine najťažšej skúšky, počujeme jeho slová: *"Otče, ak chceš, vezmi odo mňa tento kalich! No nie moja, ale tvoja vôľa nech sa stane!"* (Lk 22, 42) Už od detstva dobre vedel, že prišiel plniť vôľu svojho Otca. A aká je Otcova vôľa? Boh chce, aby bol každý človek spasený a otvoril sa jeho nekonečnej láske naveky. Ježišovo srdce horí rovnakou túžbou, aby nás spasil. Jeho láska je mocnejšia než úzkosť, ktorá ho skľučuje. Je silná ako smrť, ktorá ho čaká. Ježiš je pripravený, lebo celý život plnil iba vôľu svojho Otca.

Sme pri Ježišovi, ale v hodine úzkosti sme vystrašení... Zmocňuje sa nás hrôza. Máme taký strach, že od všetkého upúšťame. Bojíme sa, že Pán od nás bude žiadať priveľa, že nám podá kalich, ktorý nedokážeme vypiť. Naša ľudská prirodzenosť ho odmieta, nedokáže si to ani len predstaviť. A naša odpoveď znie: NIE! Čo však povedal Ježiš? *"Otče, nie moja, ale tvoja vôľa nech sa stane."* Vďaka tejto modlitbe načerpal od Otca novú silu.

Pokiaľ nenasledujeme Ježiša a nepovieme ÁNO, budeme príliš slabí a nikdy to nedokážeme. Nasledovať Ježiša znamená zanechať svoj strach a dôverovať Otcovi, aj keď sa nám ten kalich zdá príliš horký. Jediným východiskom je s pokorou obetovať svoj strach a zrieknuť sa ho. To naša ľudská prirodzenosť má strach. Ako teda prekonať strach, ktorý nás zachvacuje — strach z prílišného utrpenia, agónie či smrti, strach z toho, že budeme zničení, zabudnutí, že všetko stratíme...?

Pozývam vás, aby ste všetok svoj strach odovzdali Panne Márii a znova sa zverili do Božej vôle. Keď máme čeliť nejakej skúške či utrpeniu, zmocní sa nás taký strach, že už ničomu nerozumieme. Ba čo viac, sme schopní zabudnúť na Boha a snažíme sa pomôcť si sami. Nie! Takto by sme sa vrátili späť na začiatok. Nepúšťajme sa Božej ruky, ale ešte pevnejšie sa jej držme!

Počas tohto desiatku znovu chyťme Máriu za ruku a odovzdajme jej svoj najväčší strach. Ona vie, ako ho spáliť v Ježišovom srdci. Kto iný by nás mohol lepšie oslobodiť od strachu z Božej vôle? Kto môže povedať, že nikdy nemal strach? Zlý nás klame a snaží sa nás presvedčiť, že plniť Božiu vôľu znamená čeliť nespočetným nešťastiam, úzkostiam, chorobám, skúškam, slzám a všemožným pohromám. Našepkáva nám, že ak namiesto toho budeme nasledovať ducha tohto sveta a budeme si presadzovať vlastnú vôľu, zaručí nám to šťastie a slobodu. To je ale nehorázna lož! Aké ovocie nám to prinesie, ak budeme nasledovať svoju vlastnú vôľu a lákavé pokušenia tohto sveta? Pár zábleskov svetla, ktoré sa rozvíria a potom sa rozplynú v čoraz väčšej prázdnote. Stretli ste však v živote nejakého svätca, ktorý by oľutoval, že naplnil Boží sen vo svojom živote, podriadil sa Božej vôli a stal sa svätým? Isteže, plniť Božiu vôľu nás môže na začiatku stáť určitú námahu. Čo je to však v porovnaní s ovocím pokoja a hlbokej radosti, ktorá z toho plynie?

Môže nám veľmi pomôcť, keď si kľakneme k Ježišovým nohám a zasvätíme mu okamih našej smrti, ako aj spôsob, akým zomrieme. Keď takto vopred odovzdáme Ježišovi svoju smrť, budeme odchádzať z tohto sveta v pokoji, bez strachu.

Ježiš povedal sestre Faustíne:

„Dieťa moje, urob si predsavzatie, že sa nikdy nebudeš spoliehať na ľudí. Dokážeš veľa, ak sa celkom odovzdáš do mojej vôle a povieš: nie ako ja chcem, ale podľa Tvojej vôle, Bože, nech sa mi stane. Vedz, že tieto slová, vypovedané z hĺbky srdca, v jednom okamihu vynášajú dušu na vrchol svätosti." (Denníček § 1487)

Tieto Ježišove slová znejú až neuveriteľne! Vrchol svätosti v jedinom okamihu? Nie je to práve to, po čom túžim? Prečo sa to zdá také jednoduché? Keď náš nebeský Otec počuje, ako z hĺbky srdca vyslovujeme tieto slová, vtedy v nás vidí svojho Syna! Spoznáva v nich Ducha svojho Syna! A o to ide: zjednotiť sa so Synom. V tej chvíli sa totiž dôverne spájame s Ježišovým Duchom, sme s ním zjednotení. Ani si to neuvedomujeme, no robíme čosi oveľa viac, ako keby sme stavali nemocnice či kostoly! „Tu som, Otče, som pripravený na všetko. Nie moja, ale tvoja vôľa nech sa stane."

Ježiš dal aj iné prisľúbenie sestre Faustíne a ďalším svätým, ktorí bdeli spolu s ním — tým, ktorí zotrvávali v eucharistickej adorácii, v osobnej modlitbe, alebo tým, ktorí zostali s ním aj v čase skúšky. Sú to muži a ženy, ktorí sa naozaj usilovali zostať zjednotení s Ježišom v hĺbke svojho srdca. Ježiš hovorí aj im, tak ako svätej Faustíne: „Dcéra moja, vedz, že tvoja láska a spolucítenie, ktoré máš so mnou, mi boli útechou v Getsemanskej záhrade." (Denníček § 1664)

Ako je možné byť útechou Ježišovi v Getsemanskej záhrade pred dvetisíc rokmi? Veď Ježišovo utrpenie sa už predsa skončilo! Ako môže dnešná modlitba pomôcť Ježišovi pri jeho umučení? Dá sa to ľahko pochopiť, keď si uvedomíme, že Božia milosť nie je nijako obmedzená časom ani priestorom. To, čo robím dnes z hĺbky srdca, potešuje Ježiša na krížovej ceste a najmä pri jeho agónii v Getsemanskej záhrade. Keď teda bdieme a modlíme sa, dávame tým Pánovi veľký poklad! Aká je to preňho úľava vo chvíli, keď ho zdrvuje pohľad na všetky hriechy sveta! Netreba ich vymenúvať, veď dnes sme tak často priamymi svedkami rôznych ohavností! Vidíme, ako ďaleko je človek schopný zájsť — tie hriechy sú strašné a desivé! Ježišove čisté a nepoškvrnené oči, z ktorých vyžarovala iba láska, videli tie najstrašnejšie zločiny a najhanebnejšie skutky. Ježiš v Getsemanskej záhrade zažil taký šok, že sa potil krvou!

Raz som sa jedného lekára spýtala na to potenie krvou, a on mi povedal: „Nie je možné, aby sa človek potil krvou — na to by musel zažiť nepredstaviteľne hrozný šok!"

Aj dnes môžeme potešovať Ježiša v jeho agónii. Stačí pri ňom bdieť, ukázať mu našu ochotu byť pri ňom v jeho utrpení aj v utrpení druhých ľudí, lebo on trpí v každom z nás.

Pomodlime sa tento desiatok so zavretými očami, aby sme lepšie videli Ježiša. Kontemplujme jeho božskú tvár zaliatu krvou a zmáčanú slzami. Zahoďme všetok náš strach do Máriinho srdca. Keď to urobíme, nielenže zostaneme v jeho prítomnosti, ale budeme s ním zjednotení: jeden Duch, jedna modlitba. *„Otče, nie moja, ale tvoja vôľa nech sa stane."* To je tá najkrajšia modlitba na svete!

DRUHÉ BOLESTNÉ TAJOMSTVO

Ježišovo bičovanie

V druhom bolestnom tajomstve vchádzame spolu s Ježišom do vladárovho nádvoria. Počujeme Pilátov rozsudok: napriek svojmu svedomiu sa rozhodol oslobodiť vraha a odsúdiť Ježiša na smrť na kríži. Najprv ho však dal zbičovať: takéto mučenie bolo určené pre tých najhorších zločincov! Ježiš veľmi dobre vie, čo ho čaká, je pripravený. Pri bičovaní bol zákonom stanovený počet úderov tak, aby pri tom odsúdenec nezomrel, ale Ježišovi kati vo svojej diabolskej násilnosti ranami nešetrili. Ľudské telo by nedokázalo zniesť toľko rán bičom, najmä po tej agónii v Getsemanskej záhrade, to bolo priveľa! Svätá Brigita Švédska vrúcne túžila poznať počet rán, ktoré Ježiš utržil pri svojom umučení. Pán jej zjavil, že v posledných chvíľach svojho života dostal 5 480 rán bičom. Takúto lavínu úderov by nebol neprežil...

Musel však zavŕšiť svoje veľké dielo vykúpenia; ešte si nemohol dovoliť zomrieť. Toto bičovanie prežil len vďaka tomu, že opäť vzýval Otca, aby mu dal silu všetko zniesť.

Nachádzam sa pri Ježišovi a kontemplujem jeho božské telo, celé zaliate krvou a pokryté otvorenými ranami... Ani jediný centimeter jeho kože neostal ušetrený! Opäť sa stávam tým dieťaťom, ktoré sa vydalo na cestu ruka v ruke s Pannou

Máriou. Obrátim k nej svoj pohľad. Ona je svedkom toho všetkého! Ozýva sa v nej každý úder a puká jej z toho srdce. Mária to vie: zástupy anjelov sú pripravené zasiahnuť a vyslobodiť jej Syna z tejto situácie. Spolu s ňou kontemplujem Ježiša, ktorý je ako jedna veľká rana, a som ohromený, lebo v jeho tvári nie je žiadna nenávisť, ani najmenší náznak horkosti, hnevu či frustrácie. V jeho pohľade zaliatom krvou vidím lásku a odpustenie, nádheru srdca, ktoré miluje aj napriek podstúpeným mukám. Ako môže Pán pri tom všetkom zostať v láske?

Ježiš je sústredený na nesmiernu túžbu, ktorá v ňom prevláda nadovšetko: spasiť nás za každú cenu! Chce, aby sme boli s ním po celú večnosť! Nehrozí, že by nás opustil! Jeho láska k nám ho udržiava pri živote a dokonca aj uprostred tejto hrôzy má pred očami svoj bláznivý sen urobiť nás naveky šťastnými. Keď však ja utŕžim čo len jeden malý úder, musím priznať, že moja prvotná reakcia nie je ani láska ani milosrdenstvo, ale skôr hnev, frustrácia a túžba po odplate! Chvíľu mi trvá, kým sa rozhodnem odpustiť. Ako hľadím na Ježiša, napĺňa ma túžba naučiť sa od neho milosrdenstvu.

Keď sme zranení, stávame sa zraniteľní a nepriateľ sa ihneď priblíži k našej rane, aby ju nainfikoval a urobil ju neznesiteľnou. V spôsoboch infikovania je expert! Má v zásobe kopec vírusov a disponuje množstvom jedov! A ako ich vstrekuje do našej rany? Spomeňte si, čo všetko nám prechádza hlavou, keď trpíme. Satan vnáša do nášho vedomia svoje vlastné myšlienky a pocity. Pokúša nás napríklad myšlienkami beznádeje: „Pozri, už si si v živote tak veľa vytrpel, toto už je priveľa, už stačí, ukonči svoj život! V dnešnej dobe je samovražda bežná vec. Uvidíš, že za pár minút bude koniec tvojmu trápeniu!" Satan nás tiež očkuje pocitmi nenávisti a túžbou po pomste. „Vidíš, koľko bolesti ti spôsobil? To je veľmi nespravodlivé! Musíš ho nenávidieť, jeho aj celú jeho rodinu, a zničiť mu povesť! Len mu poriadne oplať to utrpenie, nič iné si nezaslúži!" Možno k nám satan príde s myšlienkami pochybností a vzbury voči Bohu. „Čo je to za Boha, keď na teba zoslal takú skúšku? Myslel si si, že Boh je dobrý a milosrdný? Pozri, do akého stavu ťa priviedol! Hádam si len nemyslíš, že z toľkých miliárd ľudí, čo žijú na zemi, sa zaujíma práve o teba? Na to zabudni! Nič pre teba neurobí! Nestrácaj v nedeľu čas chodením do kostola! Omša ti nie je na nič! Ži svoj život bez Boha, a budeš konečne slobodný!"

Mohla by som vymenovať veľa ďalších jedov. Kto z nás by nepoznal ten zvrátený a neodbytný vnútorný hlas, ktorý môže dospieť až k obsesii? Buďme opatrní. Satan je inteligentný a dobre vie, kde je naše slabé miesto, on vie až príliš dobre využiť naše slabosti, aby nainfikoval naše rany a urobil ich neznesiteľnými.

Ako teda rozlíšime, že nás pokúša on — náš smrteľný nepriateľ? Celkom jednoducho! V evanjeliu nachádzame, ako pôsobil Ježišov Duch, ako sa prejavoval v jeho slovách a skutkoch. Môžeme si položiť otázku: mohol by ma Ježiš nabádať, aby som ukončil svoj život? Určite nie, veď on prišiel, aby nám daroval život! Mohol by ma Ježiš nahovárať, aby som nenávidel svojho nepriateľa? Práve naopak, Ježiš mi káže, aby som mu odpustil a dokonca ho miloval!

V takýchto pokušeniach treba urobiť len jedno: ukončiť ich! Bez debaty! Rýchlo bežme do Ježišovej náruče so slovami: „Ježišu, pozri, prišiel ma pokúšať nepriateľ! Všetky tieto myšlienky sú však od neho, ja ich nechcem! Nie sú to moje myšlienky, odmietam ich a zavrhujem! Chcem počúvať tvojho Ducha, Ježišu!" Takto budeme bojovať dobrý boj. Nie je to síce ľahké, ale je to veľmi užitočné.

Čo by sme tým získali, keby sme nasledovali zvrátené vnuknutia a pokyny nepriateľa? Trpeli by sme ešte oveľa viacej a stratili by sme pokoj. Pri každom rafinovanom pokušení nepriateľa sa preto sústreďme na modlitbu a položme si otázku: „Mohol by mi také niečo povedať Ježiš?"

Vďaka Bohu, aj Ježiš prichádza k našim zraneniam. On nás nikdy neopúšťa. Jeho reč je úplne iná, je to pravý opak toho, čo nám hovorí satan. Ježiš sa k nám skláňa, lebo nás miluje a trpí spolu s nami. Satan k nám cíti iba nenávisť a chce nás vytrhnúť z Božích rúk — na to nikdy nezabúdajme!

Aj Ježiš sa k nám prihovára, ale úplne iným spôsobom: s úctou, nehou a pokorou. Má hlboký rešpekt pred našou slobodou a hovorí tak potichu, že ho sotva počujeme. Jeho hlas je ako šepot v hĺbke našej duše, a tento Boží šepot začujeme iba pri modlitbe a rozjímaní. Čo by nám povedal Ježiš? „Neboj sa, to som ja! Som pri tebe. Pozri na moje ruky a nohy a na môj bok — aj ja som trpel. Ničoho sa neboj, lebo spolu to dokážeme. Úplne sa mi odovzdaj!"

Keď Ježiš vidí, že sme ochotní sa mu odovzdať, požiada nás ešte o jednu láskavosť: „Daj mi svoje zranenie, obetuj mi svoje utrpenie... odovzdaj mi to!" Ak mu z hĺbky srdca odovzdáme svoje zranenie, Ježiš ho prijme ako vzácny dar. Odteraz už je to jeho utrpenie, odovzdal som mu ho, patrí jemu. Čo s ním však chce urobiť? Prečo chce, aby som mu ho odovzdal? Priloží si ho na ranu svojho Božského Srdca, aby sa jeho rana a moja rana stali jednou realitou, jednou ranou. V tej chvíli sa moja úbohá ľudská rana stáva božskou, lebo odteraz patrí Ježišovi! Moja rana sa takto stala jeho ranou, stali sa jednou a tou istou ranou! Ježiš ju takto premení a pretvorí.

Čo však vyšlo z rany Ježišovho Srdca? Zatrpknutosť? Nenávisť? Beznádej? Vzdor? Určite nie! Táto božská rana nám vydáva jeho najväčšie poklady: svetlo, lásku, milosrdenstvo, útechu, uzdravenie, pokoj, radosť, oslobodenie, všetky sviatosti a všetky milosti pre našu spásu.

Ak vložím svoje zranenia do Ježišovho prebodnutého Srdca, môžem čerpať z prameňa lásky, ktorý z neho vyviera a prináša svetu spásu. Neviditeľným spôsobom mám účasť na diele vykúpenia, ktoré spočíva v Ježišových utrpeniach. Aké veľké a úchvatné tajomstvo! Spolupracujem s Ježišom na tom najkrajšom diele, aké existuje — na diele vykúpenia! Takto sa stávam spoluvykupiteľom. Namiesto toho, aby som sa kvôli svojmu utrpeniu stal neznesiteľným pre druhých aj pre seba samého, stávam sa anjelom útechy a pokoja. Nerozdávam svoj vlastný pokoj, ale pokoj Boží, ktorý sa šíri skrze moje premenené rany, skrze ľudské rany, ktoré sa stali Božími.

Ježiš vie, že jeho rany sú prameňom, skrze ktorý môžeme vstúpiť do nebeského kráľovstva. Prorok Izaiáš to videl, lebo vo svojom proroctve napísal: *„jeho ranami sme uzdravení"* (Iz 53, 5). Ak vložíme svoje rany do jeho rán, pomáhame Ježišovi a rozširujeme dielo spásy na mnohé duše. Svätá Terezka Ježiškova to veľmi dobre pochopila. Už od detstva zakaždým, keď prežívala nejaké telesné alebo duševné utrpenie, povedala Ježišovi: „Vezmi si ho, je tvoje, je to môj tajný darček pre teba!" A čo urobil Ježiš? Povedal azda s pohŕdaním: „Čo mi to dávaš? Čo to má znamenať?" Nie, práve naopak! Hneď si zobral obetované utrpenie, zjednotil ho so svojím vlastným utrpením a tak ho premenil na oslávenú ranu.

Moja slabosť a úbohosť priťahujú Ježišov milosrdný pohľad, lebo jedine on ich môže premeniť a urobiť z nich nástroj spásy. Keď hovorí: „Žíznim!", je zjavné, že sa potrebuje napiť, lebo je úplne dehydrovaný, ale ešte viac žízni po premieňaní našich zranení na milosť a pokoj.

Keď obetujeme Ježišovi naše zranenia, jeho božská moc môže naplno pôsobiť vo svete. Svätá Terezka dobre vedela, že keď odovzdáva Ježišovi svoje bolesti a utrpenia (čiže svoje rany!), stáva sa *spoluvykupiteľkou*. Hovorí nám to aj Panna Mária:

„Dnes vás pozývam, aby ste svoje kríže a trápenia predkladali na môj úmysel. Milé deti, som vaša matka a chcem vám pomôcť vyprosovať si milosť od Boha. Milé deti, odovzdajte svoje utrpenie ako dar Bohu, aby sa pretvorilo na prekrásny kvet radosti. Preto sa, milé deti, modlite, aby ste pochopili, že utrpenie sa môže premeniť na radosť a kríž na cestu radosti." (25. SEPTEMBRA 1996)

Obetujme Ježišovi svoje utrpenia s láskou a dôverou. Je pravda, že Spasiteľ a Vykupiteľ je len jeden, lebo iba jeho božská krv nás mohla vykúpiť. Nezabúdajme však, že sme súčasťou Kristovho mystického tela, a tak môžeme pomáhať Vykupiteľovi pri spáse duší a spolupracovať s ním na diele vykúpenia. A to je veľká vec!

Krstom sme sa stali *kňazmi, prorokmi a kráľmi*. Vďaka daru krstného kňazstva veriacich máme možnosť obetovať samých seba aj celý svet, a tým sa stávame spoluvykupiteľmi. Moje obetované zranenia dodajú novú silu celému ľudstvu vo všetkých vekoch — živému a reálnemu mystickému telu Ježiša. V nebi budeme kontemplovať nádheru aj našich najmenších obiet. Obeta môjho utrpenia môže pomôcť Ježišovi zachrániť vzdorujúcu dušu, ktorá speje k zatrateniu, tým, že ju zmieri s Bohom a urobí ju ochotnou prijať Božie milosrdenstvo. Alebo môže pomôcť Ježišovi povzbudiť kňaza v ťažkej situácii, pomôcť chorému znášať svoju bolesť a obetovať ju, alebo môže pomôcť neveriacemu nájsť vieru. Možno sa vďaka mojej obete obráti jeden hriešnik, možno sa jedno dieťa zachráni pred potratom, alebo pomôže mladému človeku, ktorý zúfa nad svojím životom... „Utrpenie prejde, ale pretrpené zostane," hovorievala svätá Terezka.

Samozrejme, že utrpenie samo o sebe je zlé. Utrpenie nestvoril Boh, ale je dôsledkom hriechu. Keď však Boh vo svojej nekonečnej láske videl, ako veľmi trpíme, našiel spôsob, ako premeniť utrpenie na moc spásy pre celý svet: toto je zmysel Kristovho kríža! Najhorší hriech, akého sa kedy človek dopustil, bolo zabitie Pôvodcu života! Nič hroznejšie už vykonať nemohol! Boh vo svojej nekonečnej láske však premenil tento ohavný čin na prostriedok našej spásy. A to neplatí iba pre Kristov kríž, ale aj pre naše kríže. Preto sa kresťan nemôže báť utrpenia, lebo vďaka Ježišovej nekonečnej láske sa utrpenie stáva prameňom mimoriadneho vykúpenia.

Panna Mária nám hovorí: „Iba málo duší pochopilo, akú veľkú hodnotu má utrpenie, ktoré obetujeme Ježišovi." (POSOLSTVO DANÉ VICKE) Mária tiež hovorí: „Drahé deti! Dnes vás pozývam zvláštnym spôsobom, aby ste vzali do rúk kríž a rozmýšľali o Ježišových ranách. Proste Ježiša, aby uzdravil vaše rany, ktoré ste, milé deti, dostali v živote pre vaše hriechy alebo hriechy vašich rodičov." (25. MARCA 1997) Mária nás uisťuje, že Ježiš môže uzdraviť akékoľvek utrpenie.

Možno som už v živote utŕžil veľa rán, veď taký je život — nikoho nešetrí! V každom čase, dokonca aj v tej konkrétnej chvíli, keď bol Ježiš bičovaný, sa s ním môžem zjednotiť, aby som mohol vyžarovať jeho svetlo. Moje bolesti sa stávajú prameňom uzdravenia, útechy a slávy!

Počas tohto desiatku zatvorme oči, otvorme svoj vnútorný zrak a zahľaďme sa na Ježiša: na jeho telo a tvár pokryté ranami, ktoré sú napriek tomu plné svetla, lásky a slávy. Odovzdajme mu svoje najväčšie utrpenie, svoje skryté zranenie, ktoré nás dnes najviac bolí a s ktorým sa nedokážeme nikomu zdôveriť. Obetujme mu ho, aby mu prinieslo útechu a aby v nás mohol pôsobiť ako náš Spasiteľ. Môj hriech sa stane ľúbeznou vôňou a moja bolesť sa zmení na radosť.

TRETIE BOLESTNÉ TAJOMSTVO

Ježišovo korunovanie tŕním

Pokračujme ďalej v ceste. Ešte stále sme v Jeruzaleme, na mieste, kde Ježišovi nasadzujú tŕňovú korunu. Ježiša obstúpila celá vojenská kohorta a svätý Matúš to opisuje slovami:

> „Vyzliekli ho a odeli do šarlátového plášťa, z tŕnia uplietli korunu a položili mu ju na hlavu, do pravej ruky mu dali trstinu, padali pred ním na kolená a posmievali sa mu: ,Buď pozdravený, židovský kráľ!' Pľuli naňho, brali mu trstinu a bili ho po hlave." (Mt 27, 27-30)

Sme celkom blízko pri Ježišovi a náš vnútorný zrak je upriamený na neho. Ježiš mlčí. Je obklopený ukrutníkmi, ktorí ho zraňujú a všemožnými spôsobmi ponižujú, provokujú ho, no Ježiš stále mlčí. Pohľadom skúmam jeho tvár celú od krvi, blata a pľuvancov a vidím v nej nádheru Lásky, ktorá sa obetuje. Ježiš mlčí, lebo v tej chvíli neochvejne pokračuje v úžasnom diele... Prihovára sa za tých, ktorí ho mučia, a robí dobre tým, ktorí mu ubližujú. Taký je náš Ježiš!

Nie je schopný ani vidieť tých, čo ho obkľučujú, lebo má oči zaliate krvou. Sotva rozozná ich obrysy, ale čo vidí?

Nepozastavuje sa nad ohavnosťou týchto mužov, nesústreďuje sa na ich surovosť ani na ich tváre znetvorené násilnosťou. Čo teda vidí? Pod vrstvou nenávisti a pohŕdania vidí dušu stvorenú Bohom, v ktorej sa ukrýva veľká nežnosť. „Drahé deti, keby ste videli tú nežnosť v hĺbke každého človeka, milovali by ste všetkých ľudí, aj tých najhorších." (POSOLSTVO DANÉ JELENE VASIĽJOVEJ PRE MODLITEBNÚ SKUPINU)

Ježiš vidí v každej duši úžasný potenciál lásky; vidí záblesk obrazu Otca, Stvoriteľa, v hĺbke srdca týchto barbarov! Ježiš tak veľmi miluje ich srdcia, že nemyslí na nič iné, len na svoju veľkú túžbu: priviesť týchto hriešnikov do neba, k svojmu Otcovi, kde budú mať večný život. Nemyslí na nič iné, a to mu dáva silu znášať tŕne, ktoré sa mu zabodávajú do hlavy. Má na hlave túto ponižujúcu korunu, ktorá je výsmechom jeho skutočnej kráľovskej hodnosti v nebi. Hľadím na jeho božský oheň, ktorý vyjadruje bezhraničnú lásku a čelí tejto skúške bez najmenšieho odporu. Aj ja by som chcel tak vrúcne milovať! Pri pohľade na jeho potupenú tvár nasávam do seba Božiu lásku, krásu a pokoru... Stávame sa tým, čo kontemplujeme: pohliadnime na veľkosť ruženca!

O tomto som presvedčená: keď s láskou rozjímame o Ježišovom umučení, celá jeho krása preniká do nás. Je to ten najúčinnejší spôsob, ako sa zahaliť Ježišovou nádherou. Ježiš prezradil svätej Faustíne: „Dcéra moja, tvoje spolucítenie je pre mňa úľavou. Tvoja duša nadobúda zvláštnu krásu, keď rozjímaš o mojom umučení." (DENNÍČEK § 1657) A na inom mieste:

„Jedna hodina rozjímania nad mojím bolestným umučením má väčšiu zásluhu než celý rok bičovania sa až do krvi. Rozjímanie nad mojimi bolestnými ranami je pre teba veľmi užitočné a mne spôsobuje veľkú radosť." (DENNÍČEK § 368)

Ježiš ďalej hovorí: „Málo je duší, ktoré rozjímajú nad

mojím umučením so skutočným citom. Najviac milostí udeľujem dušiam, ktoré zbožne rozjímajú nad mojím umučením." (Denníček § 737)

Aj ja veľmi túžim vstúpiť do jeho plánu spásy, túžim vojsť do Spasiteľovho srdca horiaceho láskou! Chcem mať účasť na jeho kráľovskej vznešenosti. Ježiš je Kráľ, nie však preto, že by mal na hlave zlatú korunu, ako je znázornený na niektorých obrazoch, ani preto, že by získal väčšinu hlasov, kdeže! Ježiš je Kráľ, lebo z lásky obetoval svoj život — toto je jeho skutočná kráľovská hodnosť!

Pri tejto kontemplácii sa nechám Ježišom premieňať a zatiaľ čo so zármutkom sledujem, ako ho korunujú tŕním, vidím, že cíti moju lásku a snaží sa zachytiť môj pohľad; chce mi odovzdať svoju krásu. Dojatý obdivujem pokoru môjho Kráľa, ktorý sa nebráni, keď ho bijú, a cez jeho láskavý pohľad do mňa preniká jeho božská pokora. Kontemplujem jeho milosrdenstvo, keď sa tajne prihovára za svojich mučiteľov, a dovolím mu, aby ho preniesol aj na mňa. Kristovo milosrdenstvo ma mocne zaplavuje a teraz už dokážem odpustiť svojmu nepriateľovi, čo bolo dovtedy pre mňa ľudsky nemožné.

Niekedy akoby sme sa hanbili za Kristovo utrpenie. V našich krajinách, ktoré majú kresťanské korene, sa snažíme odstrániť kríže zo škôl, nemocníc aj zo všetkých verejných miest. Vari sa hanbíme za trpiaceho Ježiša? Ak vyháňame Vykupiteľa sveta, vyháňame svoje vykúpenie! Práve naopak, na trpiaceho Ježiša máme byť hrdí! Zakaždým, keď s láskou hľadíme na Ježiša s tŕňovou korunou na kríži, hlboko ho to dojíma a je pripravený nás potešiť, uzdraviť a oslobodiť od našich bremien!

Vizionárka Vicka mi porozprávala, čo sa stalo v Medžugorí na Veľký piatok v roku 1982, asi rok od začiatku zjavení:

„Panna Mária sa nám zjavila spolu s dospelým Ježišom (s malým Ježiškom sa zvyčajne zjavuje len na Vianoce). V ten deň sme však videli Ježiša ako umučeného: na hlave mal tŕňovú korunu a na tele červený dotrhaný plášť, celý od blata; bol to ten plášť, ktorý mu obliekli vojaci, aby sa mu posmievali. Na jeho opuchnutej a sinavej tvári, špinavej od pľuvancov a krvi, bolo vidno stopy po utŕžených ranách. Bol to strašný pohľad! Potom nám Panna Mária povedala: ,Pozrite sa, prišla som s mojím Synom v stave jeho umučenia, aby ste videli, ako veľmi vás miloval a čo všetko pre vás vytrpel.'"

Hneď som sa Vicky opýtala: „Ježiš vám aj niečo povedal?" „Nie," odvetila Vicka, „nič nepovedal, ale pozrela som sa mu do očí. V jeho pohľade som videla toľko lásky a nehy, že to pre mňa znamenalo viac ako slová. Na ten Ježišov pohľad nikdy nezabudnem!"

Ježiš teraz teraz hľadí do mojich očí. Vie o mne všetko. Napriek ošklivosti a hanbe môjho hriechu Ježiš vidí iba dušu, ktorá potrebuje spásu. Je uchvátený krásou mojej duše. Svojím pohľadom preniká do hĺbky mojej duše a hovorí mi: „Dieťa moje, aké si krásne! Neklesaj na mysli pre svoj hriech! Ja ťa milujem a vidím ťa takého, aký si naozaj. Chcem ťa spasiť, poď do mojej náruče!" V tej chvíli ma pretvorí a naplní ma svojím Božím Duchom.

Panna Mária v Medžugorí často hovorievala modlitebným skupinám:

„A teraz sa vráťte domov, pred krížom rozjímajte nad tajomstvami bolestného ruženca a zasväťte svoje domovy krížu môjho Syna. Ak nemáte kňaza, ktorý by to urobil, urobte to sami. Umiestnite kríž na viditeľné miesto vo svojom dome a povedzte Pánovi: ,Pane, toto je náš dom, zasväcujeme ho tvojmu krížu!' Uvidíte, že na vás spočinú hojné milosti."

(POSOLSTVO DANÉ JELENE VASILJOVEJ)

Počas tohto desiatku pohliadnime na Ježiša a nechajme ho priamo pôsobiť v našej duši. Dovoľme mu, aby nás premieňal, formoval a obohacoval. Nech z nás urobí kráľov, aby láska, ktorú do nás vložil v deň nášho krstu, vládla spolu s ním v jeho kráľovstve, kde nie je žiadna hanba, zloba, temnota ani slzy! *„Moje kráľovstvo nie je z tohto sveta,"* povedal Ježiš Pilátovi. Skutočné Ježišovo kráľovstvo sa nachádza v blahoslavenstvách: sú to ľudia čistého srdca, milosrdní, tí, čo šíria pokoj, a tí, čo sú prenasledovaní pre spravodlivosť. Spočíva na mne Ježišov pohľad a ja prijímam jeho Kráľovstvo.

ŠTVRTÉ BOLESTNÉ TAJOMSTVO

Ježišova krížová cesta

Ježiš už je vyčerpaný od únavy. Vojaci mu surovo kladú na plecia kríž, nedbajúc na jeho rany po bičovaní. Kruto sa mu posmievajú. Stojím celkom blízko pri Ježišovi a vidím, ako ním všetci okolo pohŕdajú. Prijíma svoj kríž tak, ako muž objíma svoju milovanú ženu, na ktorú dlho čakal. Skláňa sa, aby pobozkal drevo kríža, a v skrytosti sa modlí k svojmu Otcovi. Je to dojímavé! Ježiš prijíma od Otca kríž ako dar — dar, na ktorý čakal tridsaťtri rokov! Konečne môže objať drevo kríža. Ježiš vie, že tento kríž je nástrojom našej spásy, preto ho tak vrúcne objíma. Z jeho úst nezaznie žiaden nárek, iba chvála. Nadišla hodina, na ktorú tak dlho čakal! Ježiš sa zastaví a pošepne Otcovi hlboké poďakovanie za dar kríža. Teraz už sa ho môže dotknúť, objať ho a nechať sa naň pribiť.

Svätý František Saleský, veľký biskup zo Ženevy, napísal: „Večný Boh vo svojej múdrosti už od večnosti pripravoval kríž, ktorý ti ponúka ako dar z hĺbky svojho srdca. Na tento kríž, ktorý ti dnes posiela, hľadel svojimi očami, ktoré vidia všetko, a obsiahol ho svojím božským duchom. Zvážil ho vo svojej veľkej spravodlivosti. Zahrial ho vo svojej láskavej náruči. Poťažkal ho vlastnými rukami, aby sa uistil, že ti nebude ani o centimeter pridlhý, ani o gram priťažký. Požehnal ho svojím svätým menom. Pomazal ho svojou milosťou. Prevoňal ho svojou útechou. A ešte posledný raz sa pozrel na teba a na tvoju odvahu. A potom ti ho zoslal z neba, ako celkom osobitný pozdrav pre teba a ako milodar z jeho milosrdnej lásky."

Ja som tým krížom pre Ježiša. Teraz som v jeho náruči a môžem to potvrdiť: nesie ma s toľkou láskou, cíti celú váhu mojich hriechov, láskyplne ma nesie na svojich pleciach. Nech by ho to stálo čokoľvek, chce ma vyniesť až na vrchol Kalvárie, aby zničil môj hriech svojou smrťou na kríži. Ja a Ježiš sme dôverne zjednotení, sme jedno!

Ježiš je však vyčerpaný, veď stratil toľko krvi! Kríž je preňho mučivým bremenom, ktoré mu drví pravé rameno. Brvno sa mu trie o kožu, obnažuje svaly a zarýva sa mu až do kosti. Nevieme si ani len predstaviť, ako veľmi Ježiš trpel. Už viac nevládze! Vojaci si to všimnú a boja sa, aby Ježiš nezomrel po ceste. Mali by z toho zle: odsúdenec totiž musí za každú cenu dôjsť na miesto ukrižovania.

Oslovia teda istého muža, ktorý práve prechádzal okolo: Šimona z Cyrény, ktorý sa vracal z práce. Pracoval ako záhradník pre bohatých Židov v okolí Jeruzalema. Šimonovi sa vôbec nepáči, že po celodennej námahe musí ešte pomáhať akémusi zločincovi vláčiť kríž. Aká hanba! Uvedomuje si však, že neposlúchnuť Rimanov by bolo nebezpečné. Mystici dosvedčujú, že schmatol kríž nasilu, plný hnevu, a spôsobil tým Ježišovi ešte ďalšie rany. Ježiš však vždy pozerá do srdca a nevyčíta Šimonovi jeho surovosť. Pokorne sa nechá doráňať, zrazu však padá a spolu s ním stráca rovnováhu aj Šimon. Ocitnú sa tvárou v tvár pod krížom. Čo vtedy urobí Ježiš? Upriami svoj pohľad na Šimona. Bez výčitky, bez trpkosti. Ježiš mu otvorí svoje srdce a Šimon pod nánosmi blata, krvavých sĺz a všetkého, čo ho zohavuje, uvidí Ježišovu tvár a zostane v úžase. Určite nečakal, že v tomto odsúdencovi nájde toľko nežnosti a svetla. Nemôže tomu uveriť! Zasiahlo ho to v duši. Od tej chvíle sa Šimon stáva Ježišovým učeníkom; je ochotný urobiť čokoľvek, aby mu pomohol, chrániť ho pred surovosťou vojakov a dokonca ho brániť aj za cenu vlastného života. Šimon nesie kríž za Ježišom až na Kalváriu. Neskôr bude veľmi aktívnym učeníkom v rodiacej sa Cirkvi, spolu so svojimi synmi Alexandrom a Rúfusom, o ktorých je zmienka v Markovom evanjeliu (porov. Mk 15, 21).

Tento príklad nás učí toľkým veciam! Keď nás ťaží kríž na našich pleciach proti našej vôli, zostáva nám len jedno: pozrieť sa na Ježiša a upriamiť svoj pohľad iba na neho, keď nás pozýva, aby sme niesli kríž spolu s ním. V čase skúšky hlavne nesmieme pozerať na seba ani plávať v oceáne našej vlastnej biedy, lebo by sme sa v nej utopili! Znamenalo by to prepadať sa do čiernej diery, s pohľadom upriameným na našu úbohosť. Pohľad na vlastné rany nás deprimuje, zato kontemplácia Ježišových rán nás uzdravuje. Hľadieť na Ježiša je jediný spôsob, ako niesť kríž a neochabovať. Keď kontemplujeme Ježišovo utrpenie a máme účasť na jeho umučení, vtedy nachádzame silu a milosť.

Presvedčila sa o tom aj Kathleen, priateľka vizionárky Marije z Medžugoria. Jedného večera v roku 1985 bola celkom vyčerpaná, lebo sa predtým s modlitebnou skupinou celé noci modlila na hore a ešte mala na starosti celý dom. V ten večer jej duchovný vodca dovolil, aby išla skoro spať, zatiaľ čo ostatní išli na horu. Bol to ozajstný zázrak! Bola teda sama doma a tešila sa, že sa konečne vyspí a zabudne na únavu z predošlých dní, ktorá na ňu doľahla. Jej izba bola na druhom poschodí. Ledva vládala vyjsť hore po schodoch; každý schod ju stál námahu. Vtedy si spomenula na istú osobu vo veľmi ťažkej situácii. Sľúbila jej totiž, že v tú noc sa za ňu bude modliť. Zahnala však túto myšlienku a pomyslela si, že modlitbu odloží na zajtra. Ako však zdolávala posledné schody, spomenula si na jedno posolstvo, ktoré dala Panna Mária Mariji: „Keď viete, že si Boh praje, aby ste preňho niečo urobili, ale už ďalej nevládzete, poproste svojho nebeského Otca, aby vás posilnil, a on vám dodá sily!" (POSOLSTVO DANÉ MODLITEBNEJ SKUPINE.) Kathleen však zahnala aj túto myšlienku. „Nie, ja nechcem posilnenie, čaká na mňa posteľ!" Jednako však cítila, že Panna Mária od nej chce, aby sa pomodlila. Skúsila ešte raz zaprotestovať: „Moja drahá Matka, chcem ísť už do postele, mám dovolené ísť spať!" No keď videla, že to vnuknutie ju neopúšťa, nakoniec sa podvolila milosti. Kľakla si a zo všetkých síl prosila nebeského Otca: „Otče, prosím ťa, posilni ma teraz, daj mi silu, aby som sa mohla ísť modliť!" Kathleen hovorí, že hneď v tej chvíli sa cítila taká oddýchnutá, že vyšla ešte o poschodie vyššie do kaplnky — ľahká ako pierko — a celú noc sa modlila. Skoro ráno sa cítila svieža ako ružička, ako keby spala osem hodín. Mária ju nesklamala: nebeský Otec ju posilnil!

Samozrejme, aj Ježiš pri svojom umučení stále prosil svojho Otca o silu, aby dokázal vyjsť na Kalváriu, a bol vypočutý. Pomohol mu Šimon z Cyrény: zobral kríž z Ježišových rúk a niesol ho kráčajúc za Ježišom. Ježiš nechal Šimona niesť svoj kríž? Áno. Veď povedal: *„Kto chce ísť za mnou, nech zaprie sám seba, vezme svoj kríž a nasleduje ma."* (MT 16, 24) Ježiš však dobre vedel, že pre niektorých bude nemysliteľné, aby prijali kríž: kríž ich už privalil, sú zdrvení utrpením, ľudskou krutosťou, alkoholom, drogami či psychickými chorobami. Ich vôľa už celkom ochabla. Ako možno od nich ešte žiadať, aby niesli svoj kríž a nasledovali Ježiša? Pre týchto maličkých je to nemožné! Ježiš vo svojom nesmiernom súcite nechce, aby žiadne z jeho detí bolo zahanbené, že nedokázalo urobiť, čo od nás žiada. Preto si sám vybral posledné miesto a stal sa slabým, ešte slabším ako tí najslabší, aby si mohli povedať: „Ježiš bol so mnou, ani on už nevládal. Ježiš bol ako ja!" Keď už nevládal ďalej niesť svoj kríž, pomyslel si na tých najmenších, ktorých miloval, na tých najposlednejších. Chcel im ukázať, že ani on to nedokázal sám. Ježiš si vyhradil to najposlednejšie miesto!

Ježiš veľmi často rozprával o svojom utrpení svojim najlepším priateľom, mystikom a svätcom. Sestre Faustíne raz povedal:

„Vidíš, tie duše, ktoré sú mi podobné v utrpeniach a opovrhnutí, budú sa mi podobať aj v sláve. A tie, ktoré sa mi menej podobajú v utrpení i v opovrhovaní, budú sa mi menej podobať aj v sláve." (Denníček § 446)

Ježiš nám hovorí aj o odpúšťaní: „Žiačka moja, maj veľkú lásku k tým, ktorí ti spôsobujú bolesť, rob dobre tým, ktorí ťa nenávidia." (Denníček § 1628) Sestra Faustína mu celá zarmútená odpovedala: „Ó, môj Majster, veď Ty vidíš, že nepociťujem voči nim lásku, a to ma trápi." Ježiš jej na to povedal: „Pocit nie je vždy v tvojej moci. Či máš lásku, spoznáš tak, keď po prežitých nepríjemnostiach a protivenstvách nestratíš pokoj, ale modlíš sa za tých, od ktorých si zakúsila bolesť, a želáš im dobré." Pravé odpustenie teda nespočíva v pocite, ale v tom, že prajeme dobré tým, ktorí nám robili zle. Život je dlhá cesta.

Keď nesieme kríž, je dobré hľadieť na Ježiša, ktorý odpustil všetkým, vrátane nás. Stačí otvoriť srdcia a môžeme prijať jeho odpustenie a dať ho ostatným. Nie je nemožné znášať kríž s láskou, lebo Ježiš nám hovorí:

„Poďte ku mne všetci, ktorí sa namáhate a ste preťažení, a ja vás posilním. Vezmite na seba moje jarmo a učte sa odo mňa, lebo som tichý a pokorný srdcom; a nájdete odpočinok pre svoju dušu." (Mt 11, 28-30)

Je obrovský rozdiel, či nesieme kríž sami, alebo ho nesieme spolu s Ježišom. Keď ho nesieme sami, rýchlo nás ovládne hnev alebo sme sklesnutí, zdrvení. Naopak, ak nesieme kríž s Ježišom, naša cesta sa stáva cestou svetla, ba až radosti. Panna Mária v Medžugorí nám hovorí: „Drahé deti, nech sa vaša krížová cesta stane cestou radosti!" (25. septembra 1996) Iba Ježiš môže premeniť náš kríž na radosť. Láska dokáže urobiť takúto premenu!

V tomto desiatku, keď sme s Ježišom na krížovej ceste, odovzdajme sa do jeho náruče a nechajme sa ním niesť. Zostaňme v jeho náruči ako nevesta v náruči svojho ženícha. Toto urobil Ježiš, keď niesol kríž. Sestre Faustíne Ježiš prezradil toto tajomstvo: „Dcéra moja, dnes rozjímaj o mojom bolestnom umučení, o celej jeho veľkosti. Rozjímaj tak, akoby bolo podstúpené výlučne pre teba." (Denníček § 1761)

Tu som, Ježišu, v tvojej náruči! Už nenesiem ja kríž, ale tvoj kríž nesie mňa. Stále ma nes, Ježišu! Viem, že tvojím šťastím je niesť ma a spasiť ma. Tu som, Ježišu! Zostanem v tvojom objatí!

PIATE BOLESTNÉ TAJOMSTVO

Ježišova smrť na kríži

Teraz sa nachádzame pred najhroznejšou a zároveň najkrajšou scénou v dejinách ľudstva. Hroznou preto, že my, Boží synovia, sme zavraždili Pôvodcu života, a najkrajšou preto, že Pôvodca života zomiera, aby vykúpil nás všetkých, hriešnikov, a zmyl naše zločiny svojou vlastnou krvou. Kto stojí pri päte kríža? Panna Mária, Ján, Mária Magdaléna, Mária Kleopasova, matka Zebedejových synov a ďalšie ženy. Aj my chceme zostať pri Spasiteľovi v posledných hodinách jeho utrpenia a kontemplovať ho, až kým nezomrie.

Podľa evanjelia Ježiš na kríži vyslovil sedem výrokov. Budeme rozjímať nad jedným z nich, ktorý sa často nesprávne interpretuje:

> „Od dvanástej hodiny nastala tma po celej zemi až do tretej hodiny popoludní. Okolo tretej hodiny zvolal Ježiš mocným hlasom: ,Eli, Eli, lema sabakthani?', čo znamená: ,Bože môj, Bože môj, prečo si ma opustil?'" (MT 27, 45-46)

Ako mohol Ježiš povedať: *„Bože môj, Bože môj, prečo si ma opustil?"* Dobre vieme, že Otec by nikdy neopustil svojho Syna, najmä nie v hodine, keď celkom naplnil jeho vôľu!

Boh dopustil, aby Ježiš počas svojho umučenia zakúsil úplnú duchovnú noc, a to až do takej miery, že už necítil lásku svojho Otca ani jeho vzťah otca k synovi. To je tá najbolestnejšia duchovná noc! *„Toho, ktorý nepoznal hriech, za nás urobil hriechom,"* ako píše svätý Pavol (2 Kor 5, 21). A tiež: *„On je zmiernou obetou za naše hriechy; a nielen za naše, ale aj za hriechy celého sveta."* (1 Jn 2, 2) Ježiš pocítil Otcovo odmietnutie namiesto nás, a týmto strašným utrpením nás zmieril s Otcom. Všetko utrpenie počas Pánovho umučenia vrcholí v tejto duchovnej noci. Pocit neprítomnosti Otca, ktorý akoby ignoroval jeho utrpenie a odmietol ho, vyvoláva v Ježišovi pocit totálneho zlyhania. Cíti sa odmietnutý, lebo na seba zobral naše hriechy. Ako keby všetko, čo do tej chvíle podstúpil, bolo úplne zbytočné. Ježiš všetko zniesol vďaka svojmu spojeniu s Otcom. Teraz však už nevníma jeho prítomnosť a cíti sa odmietnutý, všetko sa mu zdá nezmyselné. Napádajú ho všetci démoni beznádeje. Je ťažké si predstaviť, ako veľmi bol zmätený. Prečo to Otec chcel? Chcel to pre našu spásu. Ježiš musel zakúsiť našu skľúčenosť, aby sme my mohli znovu získať spoločenstvo s Otcom a dosiahnuť večný život! Chcel zažiť odlúčenie od Otca, aby nás znovu zblížil s Otcom. Stojíme pred nepochopiteľným tajomstvom milosrdenstva! Môže existovať ešte väčšia láska?

Skúsim to vysvetliť. Keď sme boli v rajskej záhrade, hriechom sme narušili naše spoločenstvo s Otcom, naším Stvoriteľom, a stratili sme stav milosti, upadli sme do temnoty. Stratili sme poznanie Boha, jeho priateľstvo aj dar zhovárať sa s ním. Ale Boh, ktorý je čistá Láska, chcel obnoviť tento vzťah, a preto prijal obetu svojho jediného Syna. Na to, aby sa obnovil Otcov vzťah k nám a náš vzťah k Otcovi, bolo potrebné, aby Ježiš prerušil svoje spoločenstvo s Otcom, aby pocítil túto opustenosť vo svojej božskej duši, čo mu spôsobilo neopísateľné muky. To, že sa cítil naozaj opustený, vidíme v tom, že nezvolal: „Otče, Otče, prečo si ma opustil?" Nemohol totiž povedať „Otče", lebo Otec už tam nebol, preto zvolal: *„Bože môj, Bože môj..."* Prišiel až do bodu, keď sa viac necítil ako Boží Syn, ktorý sa obetuje, ale ako hriešnik, ktorý stratil Boha a narieka nad svojou opustenosťou. Tri hodiny v takomto stave, tri nekonečné hodiny temnoty celého ľudského pokolenia všetkých vekov v Srdci, ktoré nikdy nespáchalo žiaden hriech!

Po týchto troch hodinách v temnote mohla jeho duša opäť uzrieť Otca. Otcov plán už bol dokonale naplnený a Ježiš zvolal: *"'Otče, do tvojich rúk porúčam svojho ducha.' Po tých slovách vydýchol."* (Lk 23, 46) Odkedy Ježiš z lásky podstúpil smrť na kríži, už nikto nemusí zúfať. Ježiš vypil omamný kalich namiesto nás (porov. Iz 51, 17-22). Prešiel cez všetky naše temnoty, až kým mu Otec neprišiel na pomoc, a tým obnovil vzťah medzi človekom a Otcom. Premohol našu beznádej. Ježiš nám tu dáva úžasný návod: keď máme také čierne myšlienky, že už cítime smrť v duši, keď sa nám všetko zdá stratené a vyzerá to, že diabol zvíťazil, vtedy môžeme a *musíme* volať k Otcovi s dôverou, ktorá hraničí s bláznovstvom!

Pozrime sa na Máriu, najkrajší príklad zo všetkých stvorení. Ona videla, ako jej Syn trpel nepredstaviteľné muky, naposledy vydýchol a zomrel. Mária bola tam, pri päte kríža. Predstavte si jej materinskú dušu! Ona, Matka, žena dokonalého súcitu, Nepoškvrnená bez najmenšieho náznaku krutosti, nežná Matka, ktorá vo svojom tele a v celej duši prežívala utrpenie svojho Syna. V tej úzkosti a agónii mohla povedať: „Otče, toto je tvoj plán? Si spokojný, keď vidíš svojho Syna v takomto stave?" Mohla sa vzbúriť voči Otcovi, ona však mala nezlomnú vieru a bezhraničnú dôveru v Boží plán. Napriek všetkému, čo jej prečisté oči videli, neprestávala hovoriť: „Boh je dobrý, Boh je láska! Boh je dobrý, Boh je láska!"

Keď prežívame hodinu temnoty, našou záchranou je chytiť sa Máriinej ruky a opakovať spolu s ňou: „Boh je dobrý, verím mu! On premení túto temnotu na ozajstné svetlo, ešte chvíľu vydržím..." Buďme si istí, že príde svetlo — také svetlo, aké sme ešte nikdy nevideli, ako svetlo na konci tunela, to najkrajšie svetlo, ktoré víťazí nad každou temnotou, hriechom, smrťou, satanom aj celým peklom! Je to pravé Svetlo, ktoré trvá večne, Svetlo, ktoré nesklame, nezradí, nezanikne.

Počas tohto desiatku chyťme Máriu za ruku a odovzdajme našu temnotu nebeskému Otcovi, odovzdajme mu pocit opustenosti, ktorý nás sužuje, keď nevidíme zmysel svojho života, keď sa nám zdá, že koniec tunela je v nedohľadne a že noc bude trvať večne. Odolajme démonovi, ktorý to chce využiť, aby sa vysmieval z našej slabosti a deprimoval nás: „Tak vidíš, raj neexistuje! Robil si si ilúzie, spása je len klamlivá predstava, zmŕtvychvstanie neexistuje! Celé je to klamstvo! Vidíš dobre, že si opustený! Načo chceš ešte bojovať?" Prosím vás, nikdy nepočúvajte ten hlas! Počúvajte radšej hlas Márie a šepot jej modlitby, v ktorej neustále opakuje: „Boh je dobrý, Boh je láska! Boh je dobrý. Ja verím, verím v Lásku. Verím v zmŕtvychvstanie!" Zahoďme našu temnotu do Máriinho srdca a počkajme spolu s ňou na hodinu svetla. Budeme ho očakávať s jej neochvejnou dôverou a s jej materinským srdcom plným nehy. To svetlo totiž určite príde.

Mária nám hovorí: „Drahé deti! Aj dnes som s vami osobitným spôsobom, rozjímam a prežívam v svojom srdci Ježišovo utrpenie. Milé deti, otvorte svoje srdcia a dajte mi všetko, čo je v nich: radosti, trápenia aj každú, ba aj najmenšiu bolesť, aby som ju mohla odovzdať Ježišovi, aby on svojou nesmiernou láskou zapálil a premenil vaše trápenia na radosť svojho zmŕtvychvstania." (25. FEBRUÁR 1999) Keď sa Panna Mária zjavuje v Medžugorí, vždy za sebou zanechá kríž. Nie je to však kríž zmáčaný krvou, ale kríž svetla ako znamenie víťazstva! Je to znamenie, že utrpenie má svoj koniec a že zmŕtvychvstanie sa blíži!

Slávnostné tajomstvá

Aký paradox! Na jednej strane veríme, že naším konečným cieľom je, aby sme jedného dňa boli oslávení v nebi, no na druhej strane nevieme, čo vlastne slovo „sláva" znamená. Je to zmes Božej lásky a nestvoreného svetla? Alebo akási tajomná realita, ktorá presahuje naše chápanie?

Túžba po sláve je vtlačená v každom z nás ako nezmazateľná pečať. Po Adamovom páde sme však akosi stratili kontakt s hĺbkou nášho bytia. Svet nám ponúka pozemskú slávu, ktorá je veľmi pominuteľná: úspech, moc, dobré meno, popularita... To všetko je však len márna sláva, ako zdôrazňuje svätý Pavol. Keď Ježiš hovorí o poľných ľaliách, dodáva, že *„ani Šalamún v celej svojej sláve nebol oblečený tak ako jediná z nich"*. (Mt 6, 29)

Keď budeme s Ježišom prechádzať slávnostnými tajomstvami, nechajme v sebe vytrysknúť smäd po pravej sláve, ktorú nám môže priniesť jedine Zmŕtvychvstalý. Je to sláva, ktorá na nás čaká v nebi so svojimi slasťami a ktorej predchuť zakúšame pri modlitbe.

PRVÉ SLÁVNOSTNÉ TAJOMSTVO

Ježišovo zmŕtvychvstanie

achádzame sa v Jeruzaleme. Ježiš zomrel na kríži. Je po všetkom. Už je pochovaný. Ku vchodu do hrobu privalili obrovský kameň a vojaci pred ním držia stráž... V túto noc je Jeruzalem neobyčajne pochmúrny. Aj ja som zničený udalosťami tohto piatka. Všetci sme skľúčení bolesťou a zdrvujúcim pocitom, že všetko je stratené. Tak veľmi sme dúfali v tohto výnimočného muža, proroka, Rabbiho, ktorý k nám hovoril tak, ako žiadny človek nikdy predtým, nehovoriac o znameniach a zázrakoch, ktoré konal! Pre nás bol naozaj tým očakávaným Mesiášom, ktorý mal vyslobodiť Izrael!

Jeruzalem zahaľuje noc. Sobota sa skončila a ja nemôžem zaspať. Áno, celé sväté mesto je ponorené do skľučujúcej temnoty. Ťaživé ticho plné sĺz a nárekov dolieha na učeníkov. Ten smútok je neznesiteľný. Nikto nepovie ani slovo. Ani sám Peter nevie, čo robiť, ostatní apoštoli sa bezcieľne potulujú ako roztratené ovce. Ich skrúšené srdcia v noci nariekajú a nechcú sa dať utešiť. Keď stratili Ježiša, stratili všetko. Aký má teraz život zmysel? Pomyslenie, že táto temnota potrvá naveky, ich zdrvuje. Totálna porážka! Krásny príbeh s Ježišom sa skončil.

Iba Mária Magdaléna, pobádaná svojou nesmiernou láskou

k Ježišovi, vychádza z domu skoro ráno, ešte pred úsvitom. Sprevádza ju niekoľko žien: Jana, Mária Jakubova a Salome (porov. Mk 16, 1). Beží ako opreteky k hrobu. V celej tej beznádeji jej ostáva vykonať ešte jeden malý skutok pre Ježiša, chce mu prejaviť ešte posledné gesto lásky — ide pomazať jeho telo vzácnymi voňavými olejmi. Keď však dorazí na miesto, neverí vlastným očiam! Ako je to možné? Ťažký kameň je odvalený! Kto ho odvalil? Márne hľadá telo, Ježiš tam už nie je. Ešte nepochopila, že nemá hľadať živého medzi mŕtvymi. A pritom aj ona bola medzi učeníkmi, keď Ježiš predpovedal, že na tretí deň vstane z mŕtvych! Bola však natoľko zhrozená z ukrižovania, že tieto slová v jej mysli stratili význam.

A tu sa zrazu pred ňou zjaví Ježiš! Je to on, a je živý! Vstal z mŕtvych! Srdce jej bije ako zvon...

Neexistujú slová, ktoré by mohli opísať radosť Márie Magdalény a krásu zmŕtvychvstalého Ježiša! Ježiš oplýva svetlom, je plný nežnosti a odetý slávou! Ježiš žiari viac než kedykoľvek predtým!

Aj ja ako malé rozjímavé dieťa nesmelo pristupujem k hrobu... Ešte som Ježiša nikdy takto nevidel! V tichom vytržení ho obdivujem. Z celej duše sa mu klaniam... Veď porazil smrť! Poznáme niekoho, kto by sám od seba vyšiel z hrobu? Ježiš ma neprestáva ohromovať; smrť ho nedokázala udržať vo svojej moci! Z tváre mu žiari radosť z víťazstva, ktoré pre nás vybojoval. Vyslobodil nás! Premohol smrť, premohol môj hriech. Peklo je porazené aj so všetkými padlými anjelmi. Ako veľa ho však stálo toto víťazstvo!

Ježiš vidí moje vyprahnuté srdce túžiace po láske, upiera na mňa svoj hlboký pohľad, ktorý preniká až do hĺbky mojej duše, a prijíma ma s láskou takého, aký som. Túži teraz naplniť moje srdce svojou láskou a svetlom a ja sa chcem nechať naplniť. Tak veľmi to potrebujem! Čím by bol môj život bez víťazstva svetla, ktoré mi Ježiš ponúka? Ničím! Chcem žiť toto zmŕtvychstanie, tento nový Boží život, ktorý mi môže dať jedine Zmŕtvychvstalý! A on mi ho túži dať! Túži po tom, aby každá duša žila naplno tento Boží život a premieňala sa tak, aby bola podobná jemu, nestvorenému svetlu, kráse, láske! Kráčam teda k nemu celkom bez obáv, a tak ako ešte nikdy predtým, so slepou dôverou otváram svoje srdce Zmŕtvychvstalému. Ježiš mi hovorí: „Pokoj s tebou! Nech ťa naplní moje svetlo. Prišiel som ťa uzdraviť z vnútornej prázdnoty, z každej choroby, smútku a vlažnosti." A ja sa ti otváram, Ježišu, lebo iba ty jediný môžeš uhasiť môj smäd po láske.

Jedna žena však nemala potrebu ísť k hrobu... Načo by sa išla pozrieť na prázdny hrob? Prečo by mala hľadať Živého medzi mŕtvymi? Mária, Ježišova matka, nikdy neprestala veriť; ona vedela, že po troch dňoch jej Syn vstane z mŕtvych, tak ako to predpovedal. Bola o tom natoľko presvedčená, že ho čakala vo večeradle, kde sa skrývali učeníci a ktoré sa stalo miestom strachu a sĺz.

Zo zjavení mystikov vieme, že ešte predtým, ako sa Ježiš stretol so ženami pri hrobe, išiel najprv za svojou Matkou. Našiel ju modliť sa vo večeradle a objímajúc ju ako milovaný Syn, oznámil jej svoje víťazstvo nad smrťou. Poďakoval jej, lebo Mária aj napriek zdanlivému víťazstvu zla nikdy neprestala veriť.

Matka moja, aj ja chcem stále veriť a milovať aj vtedy, keď už nikto neverí, aj keď už všetci Ježiša opustili a keď sa zdá, že všetka nádej je stratená. Nedopustím, aby zvíťazilo zlo! Veď si nám sama povedala, Mária: „Drahé deti! Láskou obrátite na dobro všetko, čo satan chce zničiť alebo privlastniť si." (31. JÚLA 1986)

Tu som, Mária! Tak ako ty, aj keď budem vidieť pôsobenie zla a keď sa mi bude zdať, že zlo víťazí v mojom živote, v mojej rodine a vo všetkých oblastiach môjho života, chcem stále pevne veriť, že Ježiš prichádza ku mne a vždy existuje východisko. Ty si dôverovala proti všetkej nádeji. Chcem kráčať ruka v ruke s tebou, Mária! Nauč ma zachovať si vieru a nádej v každej situácii. Aj vtedy, keď celkom strácam pevnú pôdu pod nohami. Som dieťa svetla a nie dieťa tmy. Chcem prijať do svojho života tvoje posolstvo:

„Zvlášť si, drahé deti, želám, aby ste boli všetci Ježišovým odleskom, ktorý bude žiariť tomuto neveriacemu svetu, ktorý kráča v tme. Chcem, aby ste boli svetlom pre všetkých a aby ste vydávali svedectvo svetlu. Drahé deti, nie ste povolaní pre tmu, ale ste povolaní pre svetlo. Preto buďte svetlo svojím životom!" (5. JÚNA 1986)

Áno, Mária, chcem odpovedať na tvoju výzvu a dnes, viac než kedykoľvek predtým, rozhodujem sa veriť v Zmŕtvychstanie!

Slovo *veriť* v hebrejčine neznamená: „Myslím, že... ale nie som si tým celkom istý", nie! Slovo *emuna* v hebrejčine znamená priľnúť k niekomu alebo k niečomu. Keď poviem: „Verím, že Ježiš vstal z mŕtvych", vyhlasujem, že som s ním zjednotený, že lipnem k nemu ako k Zmŕtvychstalému.

Najdrahší Ježišu, ďakujem ti za nestvorené svetlo, ktorým ma chceš naplniť. Príď, Pane, a prebývaj vo mne! Odpusť mi, že som pochyboval, najmä keď som si myslel, že moja situácia je bezvýchodisková. Pane Ježišu, ty si riešením všetkých mojich problémov. Odteraz sa budem snažiť osvojiť si tvoje víťazstvo, urobiť ho mojím víťazstvom a nechám sa napĺňať tvojím svetlom. Verím vo vzkriesenie z mŕtvych a zjednocujem sa s tvojím Božským Srdcom, ktoré je mocnejšie než všetky sily zla dokopy. Ó Ježišu, verím v tvoje zmŕtvychstanie!

DRUHÉ SLÁVNOSTNÉ TAJOMSTVO

Ježišovo nanebovstúpenie

Teraz sa nachádzame na Olivovej hore — práve tam, kde Ježiš učil modlitbu Otče náš. Jedenásti apoštoli visia na jeho perách, keď im zveruje veľké poslanie: majú ísť ohlasovať radostnú zvesť do všetkých končín sveta. Znova som malým dieťaťom a z tohto poslania som nadšený. Je až neuveriteľné, akú veľkú dôveru do nás Ježiš vkladá! Hovorí nám: *„Choďte teda, učte všetky národy a krstite ich v mene Otca i Syna i Ducha Svätého a naučte ich zachovávať všetko, čo som vám prikázal. A hľa, ja som s vami po všetky dni až do skončenia sveta."* (Mt 18, 19-20) Vďaka ti, Ježišu! Ak uveríme, že tvoje slová sa môžu stať telom v našom živote, potom budeme tvojím hlasom, tvojimi rukami, tvojím pohľadom a tvojím srdcom. Ty nás povolávaš, aby sme konali zázraky!

Upieram pohľad na Ježiša: ako vystupuje do neba, dvíha pravú ruku a žehná apoštolov. Pri svojom odchode udeľuje požehnanie, ktoré je jeho posledným gestom na tejto zemi, je to jeho posledné viditeľné znamenie. Toto požehnanie je obrovský poklad! Aby sme naozaj pochopili jeho dosah, pozrime sa na význam slova „požehnanie", po hebrejsky *beraka*. Správny preklad slova „žehnať" nie je „dobrorečiť", ako to naznačuje latinský preklad *benedicere*. V skutočnosti ten, kto udeľuje požehnanie, vyberá z nesmierneho Božieho pokladu malý kúsok samotného Boha a prenáša ho do duše toho, kto požehnanie prijíma. Božie požehnanie preniká priamo do duše, aby ju obohatilo, nezávisle od zmyslov a rozumu.

Požehnanie, ktoré Ježiš udeľuje jedenástim apoštolom pri svojom nanebovstúpení, sa nevzťahuje len na tých, ktorí sú tam prítomní, ale týka sa všetkých pokrstených, aj nás. Ešte aj dnes môžeme čerpať z milosti Ježišovho nanebovstúpenia a naplno prežívať jeho požehnanie.

Táto milosť však nie je automatická, ako hovorí Panna Mária: „Milé deti, veľa pracujete, avšak bez Božieho požehnania." (25. MÁJA 2001) Je teda veľmi dôležité, aby sme zostali v Ježišovom požehnaní. Mária nám neustále pripomína, aby sme dávali Boha vždy na prvé miesto: všetko, čo robíme, začínajme modlitbou aj končíme modlitbou, a tak budeme mať istotu, že sme všetko obetovali Bohu. Cieľom nášho života je žiť pre Boha a oslavovať ho vo všetkom — to je Božia vôľa. Ak budeme všetko robiť pod jeho dohľadom, zostaneme v jeho požehnaní ako ryba, ktorá môže voľne plávať v mori, vo svojom prirodzenom prostredí. Boh bude s nami a my s ním.

Ak nemáme Pánovo požehnanie, je to preto, že naňho nemyslíme, nežijeme pre neho, ako keby sme s ním nemali nič spoločné. Nežijeme pre Boha vtedy, keď všetky naše plány riadi naša vlastná vôľa. V takom prípade prichádzame o požehnanie a nič z toho, čo robíme, nemá žiadnu hodnotu, lebo sme to urobili bez Božieho požehnania. Toto si musíme uvedomiť! Ak nemáme Boha na prvom mieste v našom živote, môžeme sa síce nazývať kresťanmi, budeme však žiť a pracovať bez Božieho požehnania. Ak nežijeme pre Boha, potom automaticky žijeme pre tento svet a pre svetské hodnoty. V kostoloch by sa mohol častejšie pripomínať jeden Ježišov výrok:

„Každú rastlinu, ktorú nezasadil môj nebeský Otec, vytrhnú aj s koreňom." (Mt 15, 13) Nikdy však nie je príliš neskoro, pretože Boh nám stále ponúka svoje požehnanie, Ježiš je vždy pripravený nás požehnať. Aké je smutné, že nevyužívame tieto chvíle milosti, a pritom je také jednoduché postaviť sa pod sprchu Božích milostí! Stačí sa len pevne rozhodnúť, že mu vyhradíme prvé miesto.

Boh nás nikdy neprestáva žehnať, najmä prostredníctvom kňazov. Na konci každej svätej omše kňaz udeľuje prítomným veriacim Ježišovo požehnanie. Čo v tej chvíli dostávame? Presne tie isté poklady, tie isté milosti, aké Ježiš udelil apoštolom pri svojom nanebovstúpení! O nič menej ani viac. Na konci svätej omše nás prostredníctvom rúk kňaza požehnáva Ježiš osobne. Mária nám tiež pripomína: „Drahé deti, neprijímajte kňazské požehnanie povrchne, lebo skrze neho vás žehná sám Ježiš, preto zaň buďte vďační." (posolstvo dané Mirjane, 2. decembra 2006)

V Medžugorí nám naša nebeská Matka dáva svoje materinské požehnanie, ale zdôrazňuje: „Drahé deti, dávam vám svoje materinské požehnanie, avšak požehnanie kňaza má väčšiu moc, lebo jeho ruky dostali pomazanie, keď bol vysvätený za kňaza." (posolstvo dané Mirjane) Panna Mária nie je kňaz, ale Božia Matka. Pridala ešte jedno posolstvo, ktorým ohromila mnohých kňazov: „Keby kňazi vedeli, akú silu má požehnanie, žehnali by vo dne, v noci."

V Lukášovom evanjeliu nachádzame krásne potvrdenie toho, akú moc má požehnanie: *„Oni sa mu klaňali a s veľkou radosťou sa vrátili do Jeruzalema."* (Lk 24, 52) Ako je to možné? Mohli by sme povedať: prežil som s Ježišom tri roky, mohol som ho počúvať, rozprávať sa s ním, cítiť jeho prítomnosť, jesť a piť spolu s ním, nevzďaľoval som sa od neho... a potom mi zrazu zmizne pred očami! Cítim sa ako vdovec, ktorý stratil radosť svojich očí a zmysel svojho života. Cítil by som sa zdrvený smútkom. Apoštoli však naopak odchádzajú s veľkou radosťou! Čo sa stalo? Ježiš im vo svojom požehnaní odovzdal svoju božskú moc a radosť, a tak sú ním naplnení!

Požehnanie je spôsob, ktorý Ježišovi umožňuje zostať s nami po všetky dni až do skončenia sveta. Jeho požehnanie má nesmiernu moc! Aj keby som bol na opustenom ostrove uprostred oceána a nemal možnosť stretnúť sa s Ježišom na svätej omši, aj vtedy môžem žiť v jeho požehnaní, ak chcem. Týmto spôsobom môže byť pri mne. Nech som kdekoľvek na svete, Ježiš ma cez svoje žehnajúce ruky stále zahŕňa hojnými milosťami. Aká skvelá správa! Vieme, že smútok nás privádza do stavu sklesnutosti, ktorá nám bráni žehnať, zatiaľ čo apoštoli *„stále boli v chráme a velebili Boha."* (Lk 24, 53) Boli ako pramene, z ktorých prúdila chvála a radosť!

Ježiš sa vracia späť k Otcovi a tam, po pravici Otca, sa stáva naším zástancom. Neustále ukazuje Otcovi svoje oslávené rany plné svetla, znamenia jeho lásky k nám, hriešnikom. Ježišove rany sú pred Otcom neprestajnou obhajobou v náš prospech. A keď náš milujúci Otec vidí, akú cenu zaplatil Ježiš, aby nás vykúpil z hriechu a smrti, vylieva na nás prúdy milosrdenstva. Náš najlepší priateľ, náš božský zástanca, teda sedí po pravici Boha Otca. Neprišiel, aby svet odsúdil, ale aby ho spasil a z nebeských výšin ďalej prináša svetu spásu svojimi ranami svetla.

Pane Ježišu, ďakujem ti, že si nás neopustil. Si stále s nami a z neba neustále pôsobíš v našich srdciach. Ďakujeme ti za vzácnu nádej, ktorú nám dávaš skrze svoje nanebovstúpenie. Uistil si nás, že máš pre nás vyhradené miesto: *„V dome môjho Otca je mnoho príbytkov. Keby to tak nebolo bol by som vám* *povedal, že vám idem pripraviť miesto?!"* (Jn 14, 2) Ó, ďakujem ti, Pane, že si nám pripravil miesto! Chceme zostať navždy s tebou, lebo všetko, čo milujeme, je v tebe.

Dovoľ nám teraz prihovoriť sa za všetkých ľudí, ktorí ťa nepoznajú, lebo na rozdiel od nás v hĺbke srdca necítia tú úžasnú nádej, že majú navždy vyhradené miesto pri tebe. Ó, Pane, dotkni sa dnes všetkých sŕdc, ktoré nepoznajú tvoju lásku! Mnohí žijú v temnote, smútku a niekedy až v beznádeji, sklesnutí pod ťarchou života a rôznych skúšok; áno, dotkni sa všetkých bratov a sestier, ktorí nemajú schopnosť ani silu dúfať! Ty vidíš, aký ťažký je dnešný svet. Ty vidíš, ako sa vytratila kresťanská nádej z ulíc, domov, kancelárií... Ó, Pane, tvoju zdvihnutú ruku, ktorou si žehnal, vidíme aj na obraze Božieho milosrdenstva, ktorý si ty sám odovzdal svätej Faustíne a celému svetu. Pomáhaj nám, aby sme sa aj my stali pomocnou rukou pre našich vyčerpaných bratov, ktorí sú opustení v skúške a ktorí prežívajú neznesiteľnú duchovnú samotu! Prostredníctvom Panny Márie nám pripomínaš:

„Drahé deti, nepokoj sa zmocnil sŕdc a nenávisť vládne svetom. Preto vy, ktorí prežívate moje posolstvá, buďte svetlom a vystretou rukou tomu neveriacemu svetu, aby všetci spoznali Boha lásky." (25. november 2001)

Áno, Ježišu, pomáhaj nám, aby sme sa stali tvojimi rukami vystretými k tomuto svetu, ktorý ťa nepozná, aby sme pritiahli tvoje deti do tvojho Božieho požehnania, aby aj ony vedeli, že majú svoje miesto pri tebe, v tvojom Srdci.

TRETIE SLÁVNOSTNÉ TAJOMSTVO

Zoslanie Ducha Svätého na apoštolov a Pannu Máriu vo večeradle

Teraz sa nachádzame vo večeradle uprostred Jeruzalema., vo večeradle. Ako malé dieťa som prítomný v tejto hornej sieni spolu s Máriou, apoštolmi a učeníkmi a sledujem, čo sa bude diať. Je to opísané v Skutkoch apoštolov:

> „Keď prišiel deň Turíc, boli všetci vedno na tom istom mieste. Tu sa náhle strhol hukot z neba, ako keď sa ženie prudký vietor, a naplnil celý dom, v ktorom boli. I zjavili sa im akoby ohnivé jazyky, ktoré sa rozdelili, a na každom z nich spočinul jeden. Všetkých naplnil Duch Svätý a začali hovoriť inými jazykmi; ako im Duch dával hovoriť." (Sk 2, 1-4)

Som z toho úplne unesený! Všetkým na hlavách spočívajú živé plamene a napĺňa ich čosi, čo nie je z tohto sveta: oheň lásky a svetla, záplava neopísateľnej radosti! Je to tretia božská osoba Najsvätejšej Trojice — Duch Svätý, jednota lásky medzi Otcom a Synom.

Duch Svätý totiž zosobňuje lásku medzi Otcom a Synom,

lásku spoločenstva v Najsvätejšej Trojici, medzi tromi božskými osobami, ktoré sú jedno. Ten istý Duch je zoslaný aj nám, aby sme milovali Boha a aby sme sa milovali navzájom tak, ako nás miluje Ježiš. On nám pomáha žiť a radovať sa z tej istej Božej lásky. Ježiš nám hovorí: *„Milujte sa navzájom, ako som ja miloval vás."* Oheň lásky, ktorý horí v Najsvätejšej Trojici, je daný aj nám. Aký vznešený dar! Duch Svätý nám prináša dary neopísateľnej hodnoty, ktoré vymenúva svätý Peter vo svojom liste Galaťanom: *„láska, radosť, pokoj, zhovievavosť, láskavosť, dobrota, vernosť, miernosť, zdržanlivosť."* (Gal 5, 22-23) Kto by nechcel, aby v jeho srdci horelo ovocie Božej prítomnosti?

Mohli by sme o tom ďalej rozprávať, ale chcem radšej vzývať tohto Ducha. Tak veľmi ho potrebujeme! Túžim byť úplne naplnený Duchom, ktorý zjednocuje Otca so Synom, Duchom spoločenstva, ohňom Lásky! Naše srdcia sú stále príliš chladné, prázdne, osamelé, stratené. Rozjímajme teraz, zatvorme oči a odpútajme sa od všetkých obáv, zanechajme márne myšlienky a vzývajme celým srdcom túto nekonečnú Lásku, tento oheň Lásky. Aj keď si to často neuvedomujeme, sme takí hladní po Božej láske! Vzývajme ho spoločne:

„Duchu Svätý, príď z neba a vyšli nám zo seba žiaru svetla pravého. Príď k nám, Otče chudobných, Darca darov sľúbených, svetlo srdca bôľneho. Tešiteľ si najlepší, ó, hosť duše najsladší, ty sladké občerstvenie. V práci si poľahčenie, v sparne si ovlaženie, v plači si potešenie. Svetlo oblažujúce, naplň myseľ aj srdce ľudu tebe verného. Bez pomocnej milosti človek žije v hriešnosti, nie je v ňom nič dobrého. Očisť, čo je skalené, zavlaž, čo je znavené, uzdrav, čo je zranené. Ohni, čo je stŕpnuté, zohrej, čo je skrehnuté, naprav, čo je zblúdené. Daruj svojim veriacim, s dôverou ťa prosiacim, svätú milosť sedmorú. Daj za čnosti odmenu, daj smrť dobrú, blaženú, daj nám radosť trvalú. Amen."

V Medžugorí nás Panna Mária často pozýva, aby sme sa modlili za prijatie Ducha Svätého a jeho darov:

„Je dôležité, aby ste sa modlili k Duchu Svätému, aby mohol na vás zostúpiť. Keď máte Ducha Svätého, máte všetko. Modlite sa za dar Ducha Svätého. Keď príde Duch Svätý, pokoj bude trvalý; keď príde Duch Svätý, všetko okolo vás sa zmení. Duch Svätý chce byť prítomný vo vašich rodinách. Dovoľte Duchu Svätému vstúpiť, prichádza skrze modlitbu. Preto sa, drahé deti, modlite a dovoľte Duchu Svätému, aby vás obnovil a aby obnovil aj vašu rodinu. Keď Duch Svätý zostúpi na zem, všetko bude jasné a premenené. Nechajte sa radikálne viesť Duchom Svätým a vašej práci sa bude dariť."

(Vybrané z viacerých posolstiev daných Jelene Vasiljovej)

Mária vysvetľuje, že Duch Svätý je náš veľký priateľ: stačí ho zavolať a on príde. Nikdy ho nevzývame nadarmo!

Raz na Turíce jedna žena v Medžugorí celý deň bez prestania vzývala Ducha Svätého. Celý čas mala srdce aj dušu obrátenú k Duchu Svätému. Večer však bola trochu sklamaná, keď videla, že sa nič neudialo. Hovorila si: „Nedokázala som si vyprosiť Ducha Svätého, aj keď som ho stále vzývala!" Na druhý deň za ňou prišiel jeden muž a povedal jej: „Veľmi ti ďakujem, lebo včera pri večeri ma tvoje slová tak veľmi zasiahli, že som sa cítil premenený; dostal som obrovskú Božiu milosť." Táto žena pochopila, že Duch múdrosti a lásky naozaj prišiel, ale nie hmatateľným spôsobom. Preto dôverujme! Keď vzývame Ducha Svätého, on určite príde. Nikdy o tom nepochybujme!

Ježiš v evanjeliu jasne hovorí: *„Proste a dostanete! Hľadajte a nájdete! Klopte a otvoria vám!"* (Lk 11, 9) A ďalej: *„Keď teda vy, hoci ste zlí, viete dávať dobré dary svojim deťom, o čo skôr* *dá nebeský Otec Ducha Svätého tým, čo ho prosia!"* (Lk 11, 13) Ako by sme mohli pochybovať o jeho slovách?

Na druhej strane však bdejme, aby sme nepremeškali jeho príchod! Príklad svätých nás vystríha pred skrytým nebezpečenstvom: duše zasvätených osôb, ale aj zbožných ľudí žijúcich vo svete, majú určitý program každodenných modlitieb, program, pri ktorom k nim hovorí Duch Svätý. Tieto duše však možno nevedia odpovedať na nečakané vnuknutia Ducha Svätého, ktoré prichádzajú v hocijakej chvíli, napríklad pri umývaní riadu. Snažia sa vtesnať Ducha Svätého do svojho zaužívaného rámca, čím robia jeho vnuknutia neplodnými. Ak duše nie sú vždy vnímavé na vnuknutia Lásky, môžu hromadiť svoje viac či menej silné NIE, a tým si vytvárať „protilátky" proti Duchu Svätému. Potom už nie sú schopné ho počuť ani sa ním nechať viesť. Sú „zaočkované" proti Duchu Svätému. A to je to najhoršie, čo sa môže zasvätenej duši prihodiť!

Medžugorskí vizionári hovoria, že Panna Mária má nohy zahalené bielym oblakom. Je to znak prítomnosti Ducha Svätého, ktorý ju nikdy neopúšťa. Je to ten istý oblak, ktorý sprevádzal Židov na púšti, ako sa píše v knihe Exodus:

> „Pán šiel pred nimi cez deň v oblačnom stĺpe, aby im ukazoval cestu, v noci zasa v ohnivom stĺpe, aby im svietil, takže mohli dňom i nocou putovať." (Ex 13, 21)

V Márii vždy prebýva Duch Svätý, ona je jeho najdokonalejším chrámom. Tí, ktorí ju držia za ruku, žijú v prítomnosti Ducha Svätého. Svätý Ľudovít Mária Grignion z Montfortu vravieval, že „keď Duch Svätý nájde v niektorom srdci lásku k Márii, ponáhľa sa doňho!" Znakom prítomnosti Ducha Svätého v duši je láska k blížnemu, čiže Božia láska. Ak v nás prebýva Duch Svätý, je pre nás nemožné, aby sme nemilovali svojich blížnych. Svätý Pavol vysvetľuje tento aspekt vo svojich listoch, keď zdôrazňuje, že znakom Božej prítomnosti je láska, a nie zázraky, proroctvá či dar jazykov. Všetky tieto dary sú skvelé, ale iba láska k blížnym je dôkazom, že sme dostali pomazanie. Ten, kto je ochotný, vždy pripravený pomôcť druhým a celkom sa obetovať, ten naozaj miluje!

Keď sa budeme modliť tento desiatok, prosme, aby nás zaplavila Božia láska v celej svojej sile a vzývajme spoločne Ducha Svätého:

- „Duch lásky a pravdy, príď do môjho srdca!
- Duch múdrosti a poznania, príď do môjho srdca!
- Duch rady a sily, príď do môjho srdca!
- Duch milosrdenstva a odpustenia, príď do môjho srdca!
- Duch miernosti a cudnosti, príď do môjho srdca!
- Duch pokory a čistoty, príď do môjho srdca!
- Duch útechy, príď do môjho srdca!
- Duch milosti a modlitby, príď do môjho srdca!
- Duch pokoja a láskavosti, príď do môjho srdca!
- Duch, ktorý spravuješ Cirkev, príď do môjho srdca!
- Duch Boha najvyššieho, príď do môjho srdca!
- Duch, ktorý napĺňaš vesmír, príď do môjho srdca!
- Duch adoptívneho synovstva Božích detí, príď do môjho srdca!"

ŠTVRTÉ SLÁVNOSTNÉ TAJOMSTVO

Nanebovzatie Panny Márie

Mária prišla do neba celkom osobitným spôsobom, pretože jej duša so sebou priniesla aj jej telo, zatiaľ čo my pri odchode z tohto sveta zakúsime oddelenie duše od tela. Tak ako pri predošlých tajomstvách, aj teraz vás chcem zaviesť na jedno miesto. Tentokrát je našou destináciou samotné nebo! Predstavte si, ako Panna Mária prichádza do neba. Aha, tam je, už ju vidím! Približne šesťdesiatpäť rokov strávila na zemi a teraz konečne prichádza domov! Môžeme si predstaviť, ako hovorí Ježišovi: „Už som tu, Syn môj! Vidíš, splnila som tvoju vôľu, dokonale som uskutočnila plán, ktorý mal Otec s mojím životom." A s nesmiernou radosťou a nežnosťou ju Ježiš vezme do náručia a privinie si ju k svojmu srdcu. Neviem sa na nich vynadívať. Vidím ich v neopísateľnom svetle. Je to jedinečná chvíľa, v ktorej Boh prijíma svoje najkrajšie stvorenie a vzdáva mu slávnostnú poctu, akú si zaslúži. Po toľkých radostiach a bolestiach, ktoré spoločne prežili na zemi, sú teraz naveky spolu v nebeskej sláve!

Pri pohľade na Máriu v tomto svetle nekonečnej slávy cítim bolesť a zároveň vrúcnu túžbu ocitnúť sa tiež jedného dňa v Ježišovom náručí. Bolesť cítim preto, lebo tam *ešte nie som*. Radosťou ma však napĺňa myšlienka, že to čaká aj mňa, že aj ja jedného dňa prídem k svojmu Bohu. Isteže, nebudem mu môcť povedať tak ako Mária: „Ó, Ježišu, tu som, vo všetkom som splnil tvoju vôľu!" To by bola nehorázna lož a priamy lístok do očistca. Naopak, Ženíchovi svojej duše budem musieť povedať: „Ježišu, ty vieš, že som hriešnik, ale snažil som sa plniť tvoju vôľu. Veľakrát som zlyhal, ale vďaka tvojmu milosrdenstvu som sa každý deň snažil polepšiť a z celej vôle ťa nasledovať." Viem, že Boh sa pozerá do srdca, zatiaľ čo svet hľadí len na výsledok a úspech. Čo mi povie Ježiš? Dúfam, že pri pohľade na moju dobrú vôľu a najmä na moju dôveru v jeho Božie milosrdenstvo ma vezme do náručia. „Od Boha dostaneme to, čo od neho s dôverou očakávame," hovorí svätá Terezka z Lisieux.

Vicka mi jedného dňa povedala o tomto posolstve Panny Márie: „Vieš, Vicka, na zemi sú ľudia, ktorí si z Boha a z Božej vôle niečo zoberú a niečo nechajú tak. Zoberú si kúsok z evanjelia a kúsok zo sveta. Takíto ľudia sa už sami rozhodli, že pôjdu do očistca." (SÚKROMNÉ POSOLSTVO ZJAVENÉ VICKE) Ralph Martin, zakladateľ duchovnej obnovy v USA, ich smutne nazýva „bufetoví kresťania", lebo si vyberajú ako v bufete, čo si vezmú a čo nechajú tak. Robia kompromisy!

Mária ďalej dodala: „Na zemi sú ľudia, ktorí sa vedome rozhodli robiť všetko proti Bohu a proti jeho vôli. Takíto ľudia sa už rozhodli, že pôjdu do pekla, pokiaľ sa neobrátia." Vieme, že na celom svete sú ľudia, ktorí paktujú s diablom, aby sa postavili proti Bohu a jeho dielu. Páchajú obrovské škody a žiaľ, v dnešnej dobe pribúdajú ako huby po daždi. To je smutná realita!

A Mária nakoniec dodáva: „Na zemi sú však aj ľudia, ktorí sa rozhodli páčiť Bohu za každú cenu! Títo sa už rozhodli, že pôjdu rovno do neba." Ísť rovno do neba? A to sa dá?

Áno, samozrejme, a záleží len na našom rozhodnutí, v ktorej skupine sa ocitneme. Na druhom svete budeme mať to, pre čo sme sa rozhodli tu na zemi. A to je súčasť školy Panny Márie. „Drahé deti, nech sa vaše obrátenie a rozhodnutie pre svätosť začnú dnes, a nie zajtra." (25. NOVEMBER 1998)

Myslím, že každý z nás by chcel ísť rovno do neba, však? No vieme, že je oveľa ľahšie ocitnúť sa v tej prvej skupine, čiže medzi tými, ktorí si vyberú len nejakú časť z evanjelia a zvyšok si namiešajú ako šalát. Možno si ani neuvedomujeme, že organizujeme svoj život a niekedy aj životy druhých ľudí do najmenších detailov, pričom Božiu vôľu odsúvame nabok. Alebo ignorujeme pôsobenie Božej prozreteľnosti: „Áno, verím, že Boh je môj Otec, ale nikdy som nevidel žiadne zázraky. Áno, dôverujem Bohu, ale do môjho života nezasahuje. Je dobré sa modliť a často chodiť na spoveď, ale na mňa je to priveľa!" Samé ale, ale, ale... Pozor, nekupujme si predplatné do očistca! Očistec je príliš dlhý a príliš bolestný, ešte bolestnejší než všetky veľké utrpenia na zemi, ako hovoria mystici!

Predstavme si tú chvíľu, keď predstúpime pred nášho Stvoriteľa: Ježiš nám ukáže to úžasné miesto, ktoré pre nás tak starostlivo pripravil. My si však s hlbokým smútkom uvedomíme, že sme jeho vôľu v našom živote splnili iba na 50 %. Vtedy mu povieme: „Áno, Ježišu, miloval som ťa len do určitej miery. Musím priznať, že som sa venoval stovkám iných vecí, ktoré boli pre mňa dôležitejšie než ty. Tvoju vôľu som splnil iba na 50 %." A potom uvidíme tú druhú polovicu, ktorú sme zanedbali... Bude to nesmierne bolestivé bodnutie. Toto nesmieme dopustiť! Rozhodnime sa, že Boží plán v našom živote splníme na 100 %, veď je taký krásny!

Ježiš nás ubezpečuje: *„Pripravím vám miesto."* (JN 14, 3) Mohli by sme sa domnievať, že máme nárok len na maličké miesto, akési sklápacie sedadlo kdesi v kúte neba, ďaleko od veľkých svätcov ako je svätý František z Assisi, svätá Katarína Sienská, svätý Ján Mária Vianney, páter Pio z Pietrelciny, svätá Terezka z Lisieux, svätá Faustína a mnoho ďalších úžasných svätých, ktorých poznáme. Mohol by byť Boh taký skúpy? Vari by stvoril iba zopár dobrých vecí a všetko ostatné v podradnej kvalite? Každý z nás v sebe nosí pečať Kristovej krvi, ktorá má nevyčísliteľnú hodnotu. Ňou sú ozdobené naše duše ako drahé nevesty Baránka! Pre každého z nás má Boh dokonalý plán, ktorý túži naplno uskutočniť s každým svojím stvorením. Stvoriteľ sa pri žiadnom stvorení nepomýlil; každý jeden z nás je povolaný k svätosti — k dokonalej svätosti, nie ku svätosti za bagateľ. Po tomto túži Boh: aby to nádherné miesto, ktoré nám pripravil v nebi, nezostalo prázdne!

Žiaľ, je veľa kresťanov, ktorí vôbec netušia, že majú pripravené miesto v nebi, a keďže nemajú silnú motiváciu, premrhajú svoj čas na zemi hlúposťami a strácajú zmysel života. Naša nebeská Matka nám často pripomína, že nebo existuje:

„Drahé deti, poblúdili ste. Vybrali ste sa nesprávnou cestou. Nezabúdajte, že cieľom vášho života je nebo! Satan však nespí, odkláňa vás cestou modernizmu, materializmu a egoizmu. Ste pripútaní k zemi a k pozemským veciam. Po tomto živote však nasleduje večnosť." (25. MÁJA 2010)

Moji drahí priatelia, v tomto desiatku vás pozývam, aby ste sa rozhodli pre nebo! Každý z nás môže prehodiť výhybku a rozhodnúť sa zaujať miesto, ktoré pre nás Kristus tak draho vykúpil. Prijmime bez váhania Boží plán, aby mohol Boh uskutočniť svoj sen s naším životom. A je to veľký sen! Tak to urobila aj svätá Terezka z Lisieux. Už od detstva zakúšala útrapy, bola precitlivelá, veľkú traumu jej spôsobila strata matky, keď mala štyri roky, a neskôr postupný odchod dvoch sestier do karmelitánskeho kláštora v Lisieux... Skrátka, všetko jej spôsobovalo bolesť a plakala pri každej príležitosti. Mohla sa uzavrieť do seba a žiť v smútku a depresii až do konca života. Jedným slovom, mohla rezignovať a zmieriť sa so svojím mizerným životom... Ako sa jej podarilo stať veľkou sväticou a dokonca najmladšou učiteľkou Cirkvi? Aké bolo jej tajomstvo? V čom nás prevýšila? Jedného dňa jej v srdci zaznel tento Boží výrok: *„Buďte svätí, lebo ja som svätý."* Uvedomila si, že jej veľká slabosť nemôže byť prekážkou plánu spásy, ktorý Boh pre ňu pripravil. Prijala milosť stať sa svätou, lebo to bola Božia vôľa. Boh od nás nikdy nežiada veci, ktoré by nám neumožnil vykonať. A tak sa bez váhania pevne rozhodla, že sa stane svätou! Ba ešte viac: stane sa veľkou svätou! Uverila v neomylnú Božiu moc a rozhodla sa prijať plán svätosti, ktorý Boh pre ňu pripravil. V tom spočíva jej tajomstvo: rozhodla sa! A Boh vykonal svoj podiel...

Len málo ľudí si skutočne uvedomilo, že sme všetci povolaní k veľkej svätosti. Ide o to, aby sme naplno zaujali to vybrané miesto, ktoré Ježiš pre nás pripravil, bez ohľadu na našu súčasnú situáciu a zranenia, ktoré si nesieme. Aj keby som bol veľkým hriešnikom a bol by som už veľmi starý, nikdy nie je príliš neskoro chopiť sa tejto milosti! Môžeme sa stať veľkými svätcami — stačí sa len pre to rozhodnúť! Panna Mária nás často vyzýva:

„Drahé deti, nech je dnešok tým dňom, kedy sa rozhodnete pre svätosť. Nečakajte do zajtra!" „Rozhodnite sa dať Boha na prvé miesto!"

Duchovný život môžeme prirovnať k plavbe po mori. Plavím sa na lodi v Stredozemnom mori a chcem doplávať za svojou rodinou do mesta Marseille. Aby som dosiahol svoj cieľ, nastavím kurz na Marseille a otočím kormidlo správnym smerom. Napriek vlnám a búrkam (skúšky a pokušenia), ktoré zmietajú moju loď, dorazím do správneho prístavu, lebo som nasmeroval kormidlo na Marseille. Ak však nebudem dávať na kormidlo pozor, ale namiesto toho sa budem opaľovať na ležadle a kochať sa pohľadom na malebné stredomorské pobrežie, pozabudnem sa a nechám kormidlo, nech si robí, čo chce, potom riskujem, že ma vlny unesú iným smerom a do Marseille sa nedoplavím.

Nebeská Matka nám hovorí: „Drahé deti, nezabúdajte, že váš pravý domov je v nebi!" Zamyslime sa, koľko energie vynakladáme na to, aby sme si vybudovali náš vysnívaný domov alebo získali auto, ktoré bude našou pýchou. Príde však deň, keď z toho všetkého nezostane vôbec nič! Tak je to aj s naším telom. Bola by tragédia, keby sme prišli do cieľovej stanice nášho života a uvedomili si, že sme si nič nepripravili pre náš večný príbytok — ten jediný, ktorý pretrvá naveky! Čo keby sme sa oň začali s láskou starať už dnes?!

A tak opäť chytím Máriu za ruku a nasmerujem kormidlo môjho života smerom k svätosti, k mojej cieľovej destinácii, ktorou je nebo, kde na mňa čaká Božia náruč.

Mnohí si myslia, že svätosť spočíva v robení zázrakov a znamení. To vôbec nie je pravda! Aj satan ako anjel môže robiť zázraky, aby nás oklamal. Iní si zase myslia, že svätosť znamená stať sa niekým výnimočným, a tak sa sami z tejto skupiny vylúčia. Nie, až na niekoľko prípadov s veľmi osobitným povolaním od Boha, najistejšou cestou je život v skrytosti. V čom teda spočíva skutočná svätosť? Jednoducho povedané, znamená to mať srdce plné lásky. Preto sú svätí najšťastnejší ľudia na svete! Keď v sebe nemáme lásku, ochorieme! Plnosť lásky môžeme dosiahnuť modlitbou, sviatosťami a skutkami milosrdenstva. Takto nás Boh napĺňa svojou láskou ako kvapkadlom milostí a zo dňa na deň rastieme na ceste k svätosti.

Veľa ľudí sa obáva, že Božia vôľa by im spôsobila utrpenie, lebo o nej majú falošnú predstavu — vnímajú ju ako čosi obmedzujúce a negatívne. Myslia si, že ich pripraví o mnohé veci a najmä, že im nedovolí robiť veci, ktoré by sami chceli. To je však mylná predstava o živom Bohu! Boh túži len po jednom: spasiť nás za každú cenu. Ježiš vyhlásil: *„Tak ani váš Otec, ktorý je na nebesiach, nechce, aby zahynul čo len jediný z týchto maličkých."* (Mt 18, 14) O čo žiadame nebeského Otca, keď mu hovoríme: *„Buď vôľa tvoja"*? Prosíme ho, aby spasil všetky svoje deti. To znamená, že mu z celého srdca hovoríme: „Tu som, Pane! Chcem spolupracovať na tvojom pláne spásy pre celé ľudstvo. Použi ma podľa svojej vôle, lebo chcem mať plnú účasť na tvojej misii!" Božia vôľa znamená, aby mal človek život!

Pri rozjímaní nad tajomstvom nanebovzatia Panny Márie sa na chvíľu prenesme do neba, kde sme svedkami dojímavého objatia Ježiša a jeho Matky. Je to predobraz objatia, ktoré jedného dňa zakúsime aj my. Obdivujeme víťazstvo lásky, ktoré Mária dosiahla na zemi a ktoré jej prináša toľko šťastia! Ako pravá Matka túži, aby všetky jej deti boli pri nej. Nevie sa dočkať chvíle, keď sa vrhneme do jej náruče, aby nás zobrala so sebou a priviedla nás k Ježišovi.

PIATE SLÁVNOSTNÉ TAJOMSTVO

Korunovanie Panny Márie v nebi

Pri tomto tajomstve sa znovu prenesieme do neba. Opäť vás pozývam do neba, kde budeme tentoraz vidieť, akú radosť má Ježiš, nebeský Otec a Duch Svätý, keď korunujú Máriu ako Kráľovnú neba a zeme. Môžeme byť hrdí, že máme Kráľovnú, ktorá oplýva láskou a nežnosťou! Ona je Kráľovná a Matka, je to naša skutočná Matka!

Položím vám jednu otázku: kto je podľa vás kráľovná? A kto je kráľ? Rozpomeňte sa na rozprávky z detstva, kde mnohí králi boli skôr diktátori. Aj v dejinách ľudstva nachádzame mnoho kráľov, ktorí zneužívali svoju moc, takže v mysliach „ľudu", ktorého súčasťou sme aj my, už len samotné slovo „kráľ" alebo „kráľovná" môže vyvolávať nevôľu. V každom prípade, kráľ je človek, ktorý má vo svojich rukách nejaké kráľovstvo, územie či krajinu, skrátka určité miesto, nad ktorým vládne. V tom kráľovstve bývajú jeho poddaní a v našom prípade je každý z nás poddaný. My sa však chceme našej Kráľovnej Márii podriadiť z lásky! Milujeme ju a chceme sa jej páčiť. A čo robí ona? Ako pravá kráľovná, vládne nad svojou krajinou tak, že sa snaží zabezpečiť pokoj a blaho pre všetkých!

Dostávame sa k posledným tajomstvám ruženca. V devätnástich tajomstvách sme boli Máriine milované deti. Teraz sme povolaní k tomu, aby sme sa stali aj jej poddanými, a tak postúpili ešte o stupeň vyššie v našom konkrétnom spojení s ňou. Dáva nám to úžasný pocit bezpečia. Ona je Kráľovná, pretože miluje! A keďže miluje, robí všetko pre naše šťastie. Na našej spoločnej ceste rozjímania sme rástli v spoznávaní Ježiša a Márie, až sme nakoniec pochopili, že im môžeme bez váhania zveriť celý svoj život. Aby sme im dokázali, že ich odteraz prijímame ako našich vládcov, chceme im zasvätiť seba, všetkých, ktorých milujeme, a tiež všetko, čo nám patrí. Úprimnou modlitbou zasvätenia povieme Márii, že jej úplne a z celého srdca patríme.

Onedlho po vyslovení tejto modlitby sa nám však môže stať, že budeme konať podľa ducha tohto sveta a zabudneme, komu patríme. Vzďaľujeme sa od nej a zabúdame na to, že všetko, čo sme a čo máme, patrí jej. V tomto desiatku obnovíme úkon nášho podriadenia sa Panne Márii, Kráľovnej celého nášho života. Nasledujúci príklad nám pomôže veľmi konkrétne pochopiť, ako veľmi túži vstúpiť do nášho každodenného života. Dovolíme jej, aby nám vládla a viedla nás k pokoju a schopnosti milovať slovami a skutkami.

Pozvem Pannu Máriu k sebe domov — áno, do môjho domu, aby videla, ako žijem so svojím manželom, deťmi a celou rodinou a ako sa starám o náš dom. Vezmem ju za ruku a zavediem ju najprv do mojej spálne. Spýtam sa jej:

— Mamička, veľmi si prajem, aby si bola kráľovnou mojej spálne! Páči sa ti?

Čo mi odpovie?

— Áno, je to pekná izba! Vidím, že si vymenila záclony, teraz je tu viac svetla. Kúpila si si tiež dobrý matrac, budeš mať zdravší chrbát!

O chvíľu si však všimnem závoj smútku na jej tvári, a tak sa jej spýtam:

— Mamička, niečo v tejto izbe nie je v poriadku?

— Moja drahá dcérka, nevidím tu môjho Syna Ježiša! Kde je kríž? Kam si ho odložila?

— Máš pravdu, mamička, odložila som ho do skrine, pretože moja dcéra chcela, aby som zavesila na stenu plagát tohto amerického herca, a ja som ju poslúchla. Mamička, máš pravdu, zbavila som sa tvojho Syna!

— Dieťa moje, vieš dobre, že tento americký herec ťa nespasil. Aj on je mojím synom a mám ho rada, ale namiesto neho vráť na stenu kríž. Predtým, než pôjdeš do postele, kľakni si pred ním aj s tvojím manželom a spolu sa pomodlite! Ak je treba, aj sa udobrite! Nechoďte spať pohnevaní, ale sa udobrite, aby ste počas spánku mali Božie požehnanie! Uvidíte ten rozdiel. Vystav si doma aj posvätené predmety a daj si vysvätiť dom — tvoj život sa zmení a budete lepšie chránení.

— Dobre, mamička! Idem hneď vrátiť kríž na svoje miesto, aby si mohla s radosťou vládnuť v mojej izbe!

— Ďakujem. Vidím, že máš na komode fotku svojej zosnulej svokry. Dala si odslúžiť sväté omše za večný odpočinok jej duše? Nezanedbávaj to; ani si nevieš predstaviť, koľko milostí dosiahneš, keď pomáhaš dušiam v očistci! Takto si získaš nových orodovníkov, ktorí budú zase pomáhať tebe tu na zemi.

— A teraz ti chcem, mamička, ukázať jedáleň. Páči sa ti? Zverujem ti ju, buď kráľovnou tejto miestnosti!

— Vidím, že si si kúpila pekné stoličky a máš veľký stôl. Tak ako môj Syn, aj ja mám rada veľké stoly — pripomína mi to hostiny, pri ktorých môj Syn pozýval hriešnikov k obráteniu a kde mali aj chudobní svoje miesto. Ale vieš, som trochu smutná. Za týmto stolom som totiž nikdy nevidela chudobných či trpiacich, slepých, hluchých, chorých, postihnutých, bezdomovcov...

— Ach, mamička, veľakrát som čítala tú pasáž z evanjelia, poznám ju takmer naspamäť, ale priznávam, že mi nikdy nenapadlo uviesť ju do praxe! Takých ľudí som nikdy nepozývala. Mamička, som zahanbená... Je mi to ľúto, urazila som tvojho Syna! Mám však nápad: odteraz budeš pozývať ty! Budem sa ťa pýtať, koho chceš pozvať, a budem sa snažiť prijímať najmä tých, ktorí mi to nemajú čím odplatiť, presne ako hovorí Ježiš! Raduj sa, lebo budeš kráľovnou mojej jedálne!

— Mamička, teraz si poďme pozrieť obývačku! Je to tu útulné, však? Čo si o tom myslíš?

— Áno, je to tu útulné pre vás, nie však pre môjho Syna... Prečo si dala do stredu televízor? Nepamätáš sa na moje posolstvo z Medžugoria: „Drahé deti, vyhraďte si vo svojom dome miesto na rodinnú modlitbu"? Ak chceš, aby tvoja rodina zostala jednotná, najlepším prostriedkom je schádzať sa k spoločnej modlitbe. Lebo keď príde nepriateľ a nenájde žiadnu prekážku vo svojom diele skazy, bude rozsievať kúkoľ! On vás oberá aj o tú trochu pokoja, ktorý máte, a jeho potešením je rozdeľovať svet! Urob si preto oltárik, kde budeš mať Bibliu, kríž, trochu svätenej vody, nejakú ikonu...

— Mamička, už som na to aj myslela, ale vieš, stále mám veľa roboty... Máš pravdu, dám preč televízor a zariadim si pekný modlitebný kútik!

— Mamička, pozri, tu máme pevnú linku. Chcela by som, aby si bola kráľovnou aj tohto prístroja, ktorý je taký nevyhnutný. Čo ty na to?

— Ďakujem, že ti to napadlo, lebo s telefónom sa dá urobiť veľa dobrého, ale aj veľa zlého. Ak mi dovolíš vládnuť nad tvojím telefónom, potom mám pre teba dobrú správu: tvoje faktúry za telefón sa znížia na polovicu!

— Naozaj? A to ako?

— Uvažuj! Ak budem pri tebe, keď budeš niekomu volať, nebudeš môcť vysloviť žiadne hrubé slová, budeš sa vyhýbať zbytočným a škodlivým rečiam, nebudeš hovoriť zle o svojich blížnych a bude koniec všetkým klebetám! Len si predstav, koľko času a peňazí tým ušetríš! A akú radosť budem mať ja, ktorej spôsobujú vaše telefóny a mobily toľko trápenia! Budem ťa s radosťou nabádať k dobrým rozhovorom na Božiu slávu. Spomeň si na svoju starú chorú tetu, ktorú nikto nenavštevuje. Čo keby si jej raz alebo dvakrát do týždňa zavolala? Ak budem kráľovnou tvojho telefónu, rýchlo ho premeníš na nástroj milosrdenstva! Môj Syn bude rád, veď povedal: *„Čokoľvek ste urobili jednému z týchto mojich najmenších bratov, mne ste urobili."*

— Ach, mamička, prečo som ti nezasvätila môj dom skôr? Ty si naozaj kráľovná, staráš sa aj o tie najmenšie detaily nášho života!

— Teraz ti chcem ukázať naše DVD a knihy v našej knižnici, chceš sa na ne pozrieť? Čo na to hovoríš?

— Ty máš ale veľkú zbierku! Väčšina z týchto DVD a kníh je dobrá. Vidím tu však aj také, ktoré obsahujú nemravné a násilné scény. Som z toho smutná, lebo takto privádzaš temnotu do srdca svojich detí, ktoré sú duchovne veľmi citlivé. Mali by objavovať krásy stvorenia a žasnúť nad nimi, ale prečo ich chceš naočkovať jedom? Prečo by si ich mala privádzať k protikresťanským teóriám ako je New Age a ďalšie, keď ešte nevedia rozlišovať? Navrhujem, aby sme spolu všetko pretriedili a urobili dve kopy: na jednu kopu dáme to, čo je dobré a čo si ponecháš, na druhú kopu vytriedime všetko, čo je zlé a musí ísť do koša. Všetko to zničíš, nedáš to nikomu, lebo by si mala na svedomí ďalších bratov a sestry, ktorých by si tým nakazila! Všetko to spáľ! Môj Syn nemá rád žiadne kompromisy u tých, ktorí sú pokrstení a patria jemu.

— Ach, mamička, ja som si aj hovorila, že by som mala dávať lepší pozor, ale vidíš, ako ľahko prijímam kompromisy! Teraz, keď tu bývaš so mnou, budem mať silu sa zmeniť.

— Mamička, prosím ťa, poď sa pozrieť aj do tohto kufra, kde uchovávame cenné predmety. Prajem si, aby si vládla aj nad mojím majetkom a financiami a nad všetkým, čo vlastníme.

— Drahá dcérka, ďakujem, že mi zverujеš svoje peniaze. Spravuješ ich dobre, ale vidím, že často zabúdaš na to, čo hlása Pán v evanjeliu — dávať desiatky na chrám, to znamená 10 % z tvojho príjmu (porov. Lk 11, 42). Jeruzalemský chrám už síce nejestvuje, no chudobní sú stále tu. Občas síce daruješ mincu núdznym, ale mohla by si pre nich robiť viac! Vieš, čo nám o amulžne hovorí Písmo? *„Lebo almužna oslobodzuje od smrti a nedopustí, aby si bol uvrhnutý do temnoty."* (Tob 4, 10) *„Almužna chráni pred smrťou a očisťuje od každého hriechu."* (Tob 12, 9) *„Ako voda hasí plamene ohňa, tak almužna uzmieruje hriechy."* (Sir 3, 30) Uvidíš, ako ti to Pán vynahradí! Dávaj teda desiatky, nikdy to nebudeš ľutovať. Mysli aj na tých, ktorí sú dnes v núdzi, je ich čoraz viac! Sú rodiny, ktoré nemajú čo jesť, kde je matka v nemocnici, otec bez práce, chudobní ľudia, mladí v núdzi... Mohla by si urobiť toľko dobra! Ježiš ti to vráti stonásobne, on rád znásobuje odmenu tomu, kto dáva zadarmo, hoci aj maličkosť. Ešte stále príliš kalkuluješ, dávaj štedrú almužnu!

— Mamička, sľubujem ti, že budem pozornejšia. Už teraz cítim veľkú radosť, keď si predstavím, ako pomôžem mnohým ľuďom. Ďakujem, že si mi pripomenula slová tvojho Syna!

— Mamička, chcem ti ukázať môj šatník na chodbe, čo ty na to?

— Vidím, že máš dobrý vkus, to je dobré; mám však jednu poznámku: Pamätáš sa, čo ti preletelo hlavou, keď si si vyberala tie šaty, čo si si minule kúpila?

— Áno, mamička, hanbím sa to priznať, ale chýbala mi cudnosť! Kupovala som si tie šaty s úmyslom zvádzať a priťahovať pohľady. Mohla som tým u niekoho vzbudiť nečisté myšlienky. Ďakujem, že si ma upozornila na túto dôležitú vec! Vidíš, ako sa dopúšťam hriechu, aj keď si to neuvedomujem. Už bolo načase, aby som ti vyhradila miesto kráľovnej, ktoré ti patrí. Mám nápad: odteraz budeš chodiť na nákupy so mnou a poradíš mi, čo sa patrí kúpiť. Keďže si najkrajšia žena na svete, nemám sa čoho obávať!

— Mamička, poď, chcem ti ukázať garáž! Pozri, toto je moje auto! Chcem ti zasvätiť aj moje auto, aby sme mohli ísť spolu cestou života.

— Dieťa moje, ďakujem ti, lebo v Nazarete som nikdy nemala auto a priznám sa, že veľmi rada ľudí vodím po správnej ceste! V Medžugorí som to už veľakrát povedala: „Drahé deti, som vaša Matka a chcem vás všetkých priviesť do neba!" Ďakujem, že mi dovolíš viesť tvoj život. Dieťa moje, naozaj mi dovolíš viesť tvoje auto?

— Áno, mamička! Vezmi do rúk volant a veď ma tam, kam chceš ty a kam chce Ježiš!

— Dieťa moje milované, vidím, že niekedy máš obavy z budúcnosti, a tak si často v pokušení radiť sa s vešticami, astrológmi, vykladačmi kariet alebo s tými, čo vyvolávajú zlých duchov a čítajú pritom z kariet alebo z hviezd. Koľkokrát si si zo zvedavosti prečítala horoskop v novinách? Prestaň s tým! Vedz, že ak ja vediem tvoje vozidlo, ak vediem tvoj život a som po tvojom boku, nemáš sa čoho obávať. Budúcnosť teraz nemôžeš poznať. Ži v prítomnosti s hlbokým pokojom a ničoho sa neboj! Aj keď nastane noc a nebudeš vidieť nič, ja stále vidím! Ak jazdíš v noci, tvoje svetlá osvecujú iba tú časť cesty, ktorú potrebuješ vidieť, aby si mohla ísť ďalej; nevidíš celú trasu, lebo by si bola zmätená, nedokázala by si spracovať všetky tie informácie a neudržala by si nohu na pedále. Uzavriem s tebou takúto dohodu: dám ti vždy potrebné svetlo, aby si mohla pokračovať v ceste, ak mi budeš bezhranične dôverovať. Platí? Koniec koncov, veď som tvoja Kráľovná, nie?

— Veľmi ti ďakujem, že si ma pustila do tvojho domu, do intimity tvojho života, a že si uznala moju kráľovskú moc. Uisťujem ťa, že ťa budem vždy požehnávať.

Drahí priatelia, ak si dáme pevné predsavzatie a prijmeme Pannu Máriu za svoju Kráľovnú, bude nás požehnávať! Môžeme jej všetko zveriť a zasvätiť jej svoj život, domov, prácu, svojich blízkych a celý svoj majetok, aby u nás vládla ako Kráľovná. Ona nás nesklame.

Drahá mamička, ďakujem ti, že si mojou ozajstnou Kráľovnou! Prijímam ťa do svojho života s úplnou dôverou. My všetci patríme tebe, drahá mamička, a nekonečne ťa milujeme!

Tajomstvá súcitu

Súcit sa v srdci neprebudí zo dňa na deň. Pomaly presakuje dovnútra ako čistá voda, kúsok po kúsku preniká človeka a podnecuje v ňom správanie, ktoré môže viesť veľmi ďaleko. Znamená to nechať sa zasiahnuť novou bolesťou — bolesťou nášho blížneho, ktorá nám síce spôsobuje utrpenie, ale je v nej obsiahnutá nežnosť lásky. Slovo „súcit" pochádza z latinských slov *cum patior*, čo v preklade znamená „spolu trpím" a vyjadruje jeden z najušľachtilejších citov ľudského srdca, ktorý je hoden Kristovej vznešenosti, na rozdiel od chladnej ľahostajnosti, ktorá človeka degraduje. Takáto zdieľaná bolesť, žiaduca spomedzi všetkých bolestí, umožňuje duši rásť v láske a dosiahnuť väčšiu slávu v nebi.

Evanjelium nám predstavuje mnoho príkladov skutočného súcitu. Prečo by sme teda nemohli nasledovať svätého Jána Pavla II., ktorý sa odvážil obohatiť „klasický" ruženec o päť nových tajomstiev vybraných z evanjelia a pridal k nemu tajomstvá svetla? Čo keby sme si vybrali päť obrazov z Ježišovho života, kde sa naplno prejavil jeho súcit?

Neexistuje milosrdenstvo bez súcitu, pretože súcit je

predsieňou milosrdenstva. Aby sme teda mohli lepšie prejsť cez bránu milosrdenstva, ktorá je jedinou bránou do neba, pozrime sa očami Márie na to, akým spôsobom Ježiš prejavoval súcit ľuďom okolo seba a inšpirujme sa jeho príkladom! Nie je práve toto túžbou nášho srdca a cieľom nášho života: vo všetkom sa mu podobať a pripodobňovať sa mu, nakoľko je to len možné? Stávame sa totiž tým, čo kontemplujeme...

PRVÉ TAJOMSTVO SÚCITU

Milosrdný Samaritán

Prvé tajomstvo súcitu nás privádza na cestu, ktorá vedie z Jeruzalema do Jericha. Ježiš sa stretol s istým zákonníkom, ktorý mu položil otázku: *„Učiteľ, čo mám robiť, aby som bol dedičom večného života?"* (Lk 10, 25-37) Ježiš mu vravel: *„Čo je napísané v Zákone? Ako tam čítaš?"* a on odpovedal: *„Milovať budeš Pána, svojho Boha, z celého svojho srdca, z celej svojej duše, zo všetkých svojich síl a z celej svojej mysle a svojho blížneho ako seba samého!"* Ale zákonník sa chcel ospravedlniť, preto sa opýtal Ježiša: *„A kto je môj blížny?"* Namiesto odpovede mu Ježiš porozprával toto prevratné podobenstvo:

Istého človeka prepadli zbojníci a nechali ho polomŕtveho v priekope na kraji cesty. Náhodou išiel okolo istý kňaz, ale nezastavil sa pri ňom. Potom išiel tade levita, no aj ten prešiel okolo neho. Nakoniec prišiel k nemu istý Samaritán — cudzinec, ktorý nepatril do židovského spoločenstva, — a keď videl, že muž je zranený, bolo mu ho ľúto a začal hneď konať. Zastavil sa a poskytol mu pomoc. Čo sa udialo v srdci toho Samaritána? Jednoducho sa vcítil do utrpenia tohto muža.

Veľa ľudí pociťuje súcit: je ťažké pozerať sa na chorého alebo trpiaceho človeka bez toho, aby nás to dojímalo. Skutočný súcit však neznamená len niečo cítiť: vyžaduje si aj urobiť to, čo je v našich silách, aby sme zmiernili bolesť toho, kto trpí.

Keď Samaritán zbadal tohto cudzinca, bol taký dojatý jeho utrpením, že zabudol na všetko ostatné. Podišiel k nemu a bez váhania konal tak, akoby to bol jeho vlastný syn.

Rozoberme si postupnosť jeho skutkov, ako sú opísané v evanjeliu. Je ich desať:

1. *keď ho uvidel, bolo mu ho ľúto*, 2. *pristúpil k nemu*, 3. *nalial mu na rany oleja a vína*, 4. *obviazal mu ich*, 5. *vyložil ho na svoje dobytča*, 6. *zaviezol ho do hostinca*, 7. *staral sa oň*, 8. *na druhý deň vyňal dva denáre*, 9. *dal ich hostinskému*, 10. a povedal: *„Staraj sa oň a ak vynaložíš viac, ja ti to zaplatím, keď sa budem vracať."* Všimnime si túto vetu. Samaritán v skutočnosti veľa riskoval, pretože hostinský to mohol využiť a predložiť mu prehnane vysoký účet!

Ten cit, ktorý v ňom prebudil Duch Svätý, tak veľmi zapálil jeho srdce, že vôbec nemyslel na následky svojho rozhodnutia, nebral do úvahy možné riziko ani nevýhody. Nezastavila ho ani skutočnosť, že sa pri tom mohol aj sám nakaziť. Na tomto príklade vidíme, čo je opakom súcitu — ľahostajnosť.

Zlý je však špecialistom na to, aby nás pripravil o akúkoľvek formu súcitu a priviedol nás k ľahostajnosti. Len čo sa v našom srdci zrodí podnet k dobročinnosti, súcitu či odpusteniu, ihneď nás bombardujú myšlienky, ktoré nás ochromia na poli duchovného boja: „Nemám čas! Teraz nie je vhodná chvíľa! Stálo by ma to priveľa peňazí! Ešte by sa mi niečo mohlo stať, ak to urobím! Ten človek si to nezaslúži! Ja to nedokážem! Je príliš neskoro! Je príliš skoro! Ten človek to využije! Nič o tom človeku neviem!" a tak ďalej.

Toto evanjelium je veľmi krásne, pretože hoci je náročné, Ježiš nám dáva jasné inštrukcie. V skutočnosti pozýva nás všetkých, aby sme robili to, čo žiada od zákonníka: *„Choď a rob aj ty podobne!"* Ježiš mu nehovorí, aby urobil iba polovicu, štvrtinu alebo trištvrte, nie! Rob aj ty podobne a budeš mať večný život! Odmenou je teda večný život! Čím viac budem prejavovať súcit a skláňať sa k utrpeniu svojho blížneho, o to viac dostanem prisľúbenú blaženosť, závdavok pravého života, pokoj, radosť, lásku... A čím bližšie budem k Ježišovi, tým viac sa budem stávať prameňom lásky pre druhých.

Zákonník chcel vedieť, kto je jeho blížny. Ježišova odpoveď je jasná: tvoj blížny neexistuje! Každý človek je tvojím bratom. Skutočným blížnym si ty, keď sa približuješ k svojmu bratovi, aby si zdieľal jeho utrpenie a zmierňoval ho. Keď prejavuješ milosrdenstvo, vtedy sa stávaš blížnym svojho brata.

Zoberme si príklad Matky Terezy z Kalkaty. Odišla z kláštora Loretských sestier, kde mala všetko: šťastie, jedlo, bezpečnosť, vrúcnosť spoločenstva a možnosť rásť vo svätosti. Nasledovala však osobitné Božie volanie a ocitla sa sama v preplnených uliciach Kalkaty, bez akejkoľvek pomoci, iba z lásky k chudobným a umierajúcim.

Ďalší krásny príklad súcitu nám ukázala Gianna Beretta Molla. Čakala bábätko, avšak počas tehotenstva u nej nastali vážne zdravotné problémy. Keďže bola lekárka, veľmi dobre vedela, čo ju čaká: musela si vybrať, či zachráni svoj vlastný život, alebo život svojho nenarodeného dieťaťa. Predstavte si tú dilemu! Mala už niekoľko detí, ktoré boli ešte malé. Napriek tomu však neváhala ani chvíľu a rozhodla sa zachrániť život tej maličkej bytosti, ktorú nosila pod srdcom, a ktorú nikdy nevidela.

Myslím tiež na jednu veľkú francúzsku priateľku, úžasnú mystičku, ktorá je zatiaľ málo známa: Matka Yvonne Aimée z Malestroit. Za druhej svetovej vojny viedla nemocnicu a mala veľký súcit so všetkými vojakmi, ktorým hrozilo, že budú deportovaní do koncentračných táborov. Postavila sa proti nacistom a ukrývala spojeneckých vojakov, ktorých hľadalo Gestapo — vydávala ich za chorých pacientov vo svojej nemocnici. Uvedomovala si, že keby ju odhalili, boli by ju mučili a zabili, nemyslela však na vlastný život, ale na zúfalú situáciu týchto mužov, ktorým hrozila smrť. Vynaložila všetko úsilie, len aby ich zachránila, a vymýšľala dômyselné plány, ako ich zamaskovať v habitoch hospitalizovaných sestier.

Pripomeňme si aj dvoch veľkých svätých: sestru Faustínu Kowalskú a pátra Pia z Pietrelciny, ktorých Boh obdaril schopnosťou čítať v ľudských dušiach. To je ďalší spôsob prežívania súcitu. Keď sestra Faustína prechádzala na chodbe okolo osoby v stave smrteľného hriechu, ihneď pocítila bolesti stigiem na svojom tele aj v duši — tak veľmi bola zjednotená s Ježišom.

Rovnako aj páter Pio nosil na svojom tele aj v srdci znaky Kristovho umučenia — stigmy na rukách, nohách a na boku, ako znamenie veľkého súcitu Ježiša s hriešnikmi. Prorok Izaiáš to vyjadril vo veršoch o trpiacom Služobníkovi: *„On však bol prebodnutý pre naše hriechy, strýznený pre naše neprávosti, na ňom je trest pre naše blaho a jeho ranami sme uzdravení."* (Iz 53, 5) Aký nesmierny bol Ježišov súcit!

Opravdivý súcit však nikoho nezdrví: Panna Mária pod krížom stála na nohách. Páter Pio napriek bolestiam trávil celé hodiny v spovednici, neležal v posteli a nesťažoval sa: „Ach, ako veľmi trpím!" Práve naopak, stále pracoval a tešil sa z toho, že môže zdieľať utrpenie druhých. Bol radostný a rád s ľuďmi žartoval. Skutočný súcit robí dušu krásnou. Ak niekto cíti v srdci nefalšovaný súcit, z tváre mu vyžaruje svetlo, neha a krása!

My, ktorí túžime milovať Ježiša a chceme mu pomáhať

zachraňovať duše modlitbou a obetami, si môžeme vyprosovať milosť súcitu. Obráťme sa preto na Pannu Máriu, ktorá je najsúcitnejšia zo všetkých stvorení. Nazývame ju tiež *Matka bolestná*, pretože zakúša všetky naše utrpenia, choroby a smútok. V čase, keď na Balkáne zúrila vojna a bývalú Juhosláviu zachvátilo strašné pustošenie, Panna Mária nám dala toto posolstvo: „Drahé deti, vaše utrpenie je aj mojím utrpením." (25. apríla 1992) Ona vie, kedy je srdce zradené alebo opustené; ona všetko cíti.

V tomto tajomstve poprosme Máriu, *Matku bolestnú*, o dar súcitu, o dar hľadieť zhovievavo a pozitívne na ľudí okolo nás, aby náš pohľad nikoho nesúdil, nekritizoval ani nepoukazoval na nedostatky. Aby nás náš pohľad nabádal konať a dávať. Aby naše srdce dokázalo pochopiť, čo prežíva brat alebo sestra, ktorých stretávam, aké je ich skryté alebo viditeľné utrpenie a čo si v minulosti museli vytrpieť. Naučme sa byť podobní nášmu nebeskému Otcovi: *„Buďte milosrdní, ako je milosrdný váš Otec!"* (Lk 6, 36) Toto nám hovorí Ježiš, priateľ všetkých ľudí. Áno, vyprosujme si túto milosť od Panny Márie.

DRUHÉ TAJOMSTVO SÚCITU

Vzkriesenie syna naimskej vdovy

Prichádzame do Galiley, do Galiley pohanov, o ktorej je napísané: *„Ľud bývajúci v temnotách uvidel veľké svetlo. Svetlo zažiarilo tým, čo sedeli v temnom kraji smrti."* (Mt 4, 16) Blížime sa k mestečku Naim. Ako vždy, Ježiša a jeho učeníkov nasleduje veľký zástup. Keď vchádzajú do mesta, stretnú sa s iným zástupom, ktorý sprevádza istú vdovu (porov. Lk 7, 12).

Táto žena prišla o svojho jediného syna. Ježiš pozoruje pohrebný sprievod, ktorý kráča smerom k cintorínu, a srdcom sa zameria na túto úbohú vdovu a jej tragickú situáciu; súcit sa vždy zrodí z pohľadu. Pozorne sleduje túto ženu: vie, že je vdova a že si už veľa vytrpela, keď jej zomrel manžel. Vie o nej všetko. Strata manžela je obzvlášť bolestná a prebodne srdce, lebo sviatosť manželstva robí z manželov jedno telo na celý život.

Ježiš sa na ňu teda uprene zahľadí a čo sa udeje v jeho srdci? Šok. Vidí už dopredu svoju vlastnú matku v rovnakej situácii: Panna Mária prišla o svojho manžela Jozefa a onedlho príde aj o svojho jediného syna. Ježiš je hlboko dojatý. On je Stvoriteľ, ktorý zázračne stvoril aj materinskú lásku; on vie, aká je dôležitá. Ako Boží Syn chcel mať na zemi matku, chcel sa narodiť z lona matky; zakúsil nežnosť lásky medzi matkou a synom, prežíval ju v intimite skromného domova počas tridsiatich rokov.

Ježišov súcit je bezodný. On zdieľa naše bolesti a každé z našich utrpení sa ozýva v nepredstaviteľných hĺbkach jeho duše. Keď vidí naše slzy, zviera mu srdce. Neskôr v evanjeliu povedal Márii Magdaléne, ktorá prišla ku hrobu, aby pomazala jeho telo a vzdala mu poslednú úctu: *„Prečo plačeš? Koho hľadáš?"* Aj v Betánii bol Ježiš dojatý, keď videl slzy Marty a Márie nad Lazárovou smrťou. Ježiš sa nezmenil, aj dnes sa ho zmocňuje rovnaký súcit voči nám, keď stratíme blízkeho človeka.

Keď vidí túto uplakanú vdovu, Ježiš si uvedomuje, že má moc jej pomôcť, a ihneď koná. Nosí v sebe moc Stvoriteľa, ktorý povolal svet k bytiu svojím slovom. Čo teda urobí? Dotkne sa truhly a povie mládencovi: *„Vstaň!"* (grécky text znie: *„Prebuď sa!"*) a vráti ho živého jeho matke.

Keď prežívame smútok zo straty blízkeho človeka, Zlý využíva našu zraniteľnosť a snaží sa nás priviesť do beznádeje, alebo aspoň do hlbokej skľúčenosti. Podnecuje nás, aby sme sa vzbúrili proti Bohu, pochybovali o jeho láske a mysleli si, že život je k nám nespravodlivý. Aj naimská vdova si mohla po smrti svojho syna pomyslieť: „Ja mám viac rokov, mala som zomrieť skôr ako on, on bol oporou rodiny." Pri pomyslení na stratu milovaného človeka môžu aj nás zachvátiť obavy o budúcnosť, či závisť voči inej žene, ktorej manžel a syn ešte žije. Môže nás naplniť závisť, depresia alebo túžba zomrieť. Ježiš však chcel uchrániť túto vdovu od všetkých týchto úzkostí a vrátil jej syna späť. Prejavil jej aktívny súcit, urobil všetko, čo bolo v jeho moci, a daroval jej ten najkrajší dar. Vari nemá moc kriesiť mŕtvych?

Ježiš však nielenže utešil vdovu v jej veľkom súžení, ale zároveň dal tomu mládencovi druhú šancu. Vieme, že keď zomrieme, Boh sa nám zjaví taký, aký je, všetko bude odhalené v pravde a celý život sa nám premietne ako film.

V tejto súvislosti mi prichádza na um skúsenosť jedného talianskeho kapucína, brata Daniela Nataleho, ktorý žil v štyridsiatych rokoch v kláštore pátra Pia v San Giovanni Rotondo. Postihla ho vážna choroba žalúdka a ocitol sa na pokraji smrti. No páter Pio, ktorý ho mal veľmi rád, mu povedal: „Buď pokojný, nezomrieš! Choď sa dať operovať na tú a tú kliniku." Zobrali ho teda do nemocnice a riadne ho operovali, no krátko po operácii zomrel. Jeho spolubratia boli veľmi prekvapení a oznámili to pátrovi Piovi, ktorý sa zaňho modlil. Brat Daniele sa prebral niekoľko hodín potom, ako mu bol vystavený úmrtný list. Následne bol zasypaný lavínou otázok o tom, čo prežíval vo chvíli smrti. Vysvetlil, že po úžasnom stretnutí s Ježišom musel ísť do očistca, lebo ešte nebol pripravený. Dodal, že najviac ho zabolelo, keď videl, že splnil iba časť plánu svätosti, ktorý Boh preňho pripravil — bol totiž povolaný k veľkej svätosti. Bol akoby preniknutý mečom bolesti, lebo si pomyslel, že už je príliš neskoro, aby sa napravil! Máme totiž iba jeden život na tejto zemi. Páter Pio sa však zaňho modlil a vyprosil mu milosť druhej šance. Brat Daniele sa teda vrátil na zem a potom, ako videl, počul a prežil svoju skúsenosť na druhom svete, radikálne zmenil svoj život a odvtedy vynikal dobročinnou láskou voči všetkým. V súčasnosti prebieha proces jeho blahorečenia: brat Daniele veru nepremárnil svoju druhú šancu!

A ako to dopadlo so synom tej vdovy? Keď sa prebral k životu, máme dobrý dôvod veriť, že aj on mohol porozprávať svojim blízkym o svojej skúsenosti z druhého sveta a o tom, ako veľmi sa líšia nebeské hodnoty od tých pozemských! Máme dôvod veriť, že zmenil svoj spôsob života a že roky svojej druhej šance využil lepšie. Keď sa raz ocitneme pred tvárou Boha, každý z nás — či už chudobný alebo bohatý, mladý či starý, hriešny alebo spravodlivý — vtedy pochopí, že jedine láska pretrvá naveky a všetko ostatné sa rozplynie ako sneh na slnku.

No nie všetci rodičia, ktorí prišli o svoje dieťa, majú možnosť stretnúť sa s Ježišom na ceste, ani neuvidia svoje dieťa vstať z mŕtvych. Raz jedni rodičia skľúčení zo smrti svojho malého dieťaťa prišli za ctihodnou Martou Robinovou dúfajúc, že u nej nájdu útechu. Ona im povedala: „Ste rodičmi svätého v nebi a máte účasť na vykúpení sveta."

Je tiež dôležité vniesť svetlo do určitých nejasností, ktoré sa dnes šíria na Západe, a to je viera v reinkarnáciu. Táto otázka je vysvetlená v Liste Hebrejom:

> „A ako je ustanovené, že ľudia raz zomrú a potom bude súd, tak aj Kristus: raz sa obetoval, aby sňal hriechy mnohých, a druhý raz sa zjaví — bez hriechu — na spásu tým, čo ho očakávajú." (HEBR 9, 27)

Panna Mária na začiatku svojich zjavení zobrala so sebou vizionárov Vicku a Jakova a ukázala im nebo, očistec a peklo. Keď sa vrátili, požiadala ich, aby povedali ostatným, že „po smrti nasleduje večnosť*".

V inom posolstve Panna Mária povedala:

„Do neba ideme pri plnom vedomí, aké máme teraz. Vo

---

* Pozri: sr. Emmanuel Maillard: *Medjugorje, Le Triomphe du Cœur*, EdB, 1996, kde sú opísané epizódy z tejto jedinečnej cesty na druhý svet.

chvíli smrti si uvedomíme oddelenie tela od duše. Je mylné učiť ľudí, že sa narodíme viackrát a že sa prevtelíme do iných tiel. Narodíme sa len raz. Telo, ktoré bolo stvorené z hliny, sa po smrti rozloží a nikdy viac neožije. Človek dostane premenené telo."

(24. JÚLA 1982)

Páter Cantalamessa, pápežský kazateľ Jána Pavla II., Benedikta XVI. a pápeža Františka, vyhlásil: „Smrť nie je múr, ale brána!"

Skôr než poprosíme Ježiša a Máriu o dar súcitu pre tých, ktorí prežívajú smútok zo straty blízkeho človeka, uvažujme nad smútkom, ktorý je v dnešnej dobe veľmi rozšírený: smútok matky, ktorá išla na potrat. Tento skutok spôsobuje v jej duši hlbokú ranu. Skutočnosť, že odvrhla plod svojho lona až tak, že ho zabila, hlboko otrasie jej bytosťou a automaticky ju privedie k tomu, že bude sama sebou opovrhovať. Mnohé ženy, ktoré išli na potrat, prežívajú neutíchajúci smútok, ktorý ich niekedy privádza až k myšlienkam na samovraždu. Kráľovná pokoja v Medžugorí žiadala modlitebné skupiny, aby prejavovali veľa lásky matkám, ktoré podstúpili potrat, aby sa hneď zmierili s Bohom a vykonali si dobrú spoveď. „Potrat je ťažký hriech," hovorí Panna Mária, „pretože znamená zabitie človeka. Modlite sa, deti moje, aby na svete viac neboli také matky!"

Koľko matiek chodí na potrat preto, lebo majú strach alebo ich k tomu doviedlo vymývanie mozgov našej kultúry smrti, ktorá nazýva zlo dobrom! Koľko je takých, čo to robia z egoizmu alebo pod nátlakom partnera či manžela, ktorý ich postaví pred strašnú voľbu: „Buď ja, alebo dieťa!" Veľmi často je ten nátlak taký silný, že sa žena proti vlastnej vôli rozhodne obetovať svoje dieťa v presvedčení, že si tak udrží otca dieťaťa. Toto je však obrovská pasca! Ako by si mohla zaistiť budúcnosť rodiny a založiť jednotu vo vzťahu na krvi nevinného a bezbranného dieťaťa? Keď pristúpia na takúto „dohodu", väčšina žien stratí zároveň dieťa aj otca dieťaťa...

Otvorme teraz svoje srdcia pre súcit s takýmito mužmi a ženami našej dezorientovanej generácie! Modlitbou, pôstom a obetou, a niekedy aj slovom, môžeme chrániť život a pomáhať takýmto matkám. Márii, ktorá je Matkou života, to prinesie veľkú útechu. Zabitie dieťaťa jej totiž spôsobuje nesmiernu bolesť.

Obetujme Márii tento desiatok za všetky matky, ktoré sú v pokušení ísť na potrat, aj za tie, ktoré ho už podstúpili. Kiežby prijali milosť milovať život a uzdravili sa zo zranenia, ktoré nosia vo svojom srdci. Ó, Ježišu, naplň nás svojím božským súcitom — ty, ktorý si nás neprišiel súdiť, ale spasiť! Navráť život všetkým, ktorí sú na tomto svete ako živí mŕtvi, uväznení v páchnucich hroboch materializmu, a navráť ich svojej matke, ktorá je aj našou Matkou. Ó, Ježišu, priveď ich ako príval dažďa na púšť, nech máme ústa plné radosti a jazyk plný plesania!

TRETIE TAJOMSTVO SÚCITU

Veronika utiera Ježišovi tvár

Vráťme sa teraz do Jeruzalema a pridajme sa k malej skupinke, ktorá sprevádza Ježiša na krížovej ceste. Príbeh o Veronike nie je zachytený v evanjeliu, ale v dávnej kresťanskej tradícii, ktorá nám odhaľuje krásu ľudského srdca a jeho schopnosť milovať. Ponúka nám ako príklad jeden z najdojímavejších skutkov súcitu. Táto statočná žena sa dokázala vzoprieť rímskym vojakom, aby sa mohla priblížiť k Ježišovi — hoci pri tom riskovala — a utrieť zakrvavenú tvár svojho Pána. Cirkev jej vyhradila sviatok 4. Februára, aby sme si z nej mohli vziať príklad.

V rukopisoch ctihodnej Marty Robinovej, veľkej francúzskej mystičky, nachádzame nesmierne cenný zdroj informácií o postavách z Pánovho umučenia. Marta totiž päťdesiat rokov každý deň prežívala Ježišovo umučenie vo svojom tele aj v duši. Videla jednotlivé scény, ktoré presne opísala. Marta hovorí, že Veronika je fiktívne meno, ktoré jej bolo priradené, aby pripomínalo jej gesto. Z výrazu *vera icona*, „pravá ikona, pravý obraz" bolo v slovenčine odvodené meno Veronika. V skutočnosti sa volala Serafia a bola to sesternica Panny Márie, len o málo staršia od nej, teda Ježišova teta.

Serafia bola manželkou vysoko postaveného muža

v Jeruzaleme, s ktorým mala dve deti. Pri vraždení neviniatok v Betleheme za čias Herodesa však zabili jej deti a Serafia si osvojila malé dievčatko. Veľmi milovala Ježiša, priam ho zbožňovala. Keď Ježiš ako dvanásťročný bez vedomia rodičov zostal v chráme so zákonníkmi, bola to práve jeho teta Serafia, ktorá mu nosila jedlo a starala sa o neho. Žiaľ, keď Ježiš začal verejne vystupovať, Serafiin manžel ho začal považovať za podvodníka, neznášal ho a zakázal svojej žene, aby ho počúvala. (Dobrá správa však je, že po Ježišovom vzkriesení sa obrátil a spolu so Serafiou sa stali znamenitými svedkami v rodiacej sa Cirkvi.)

Zákaz stretávať sa s Ježišom a počúvať ho bol pre Serafiu neznesiteľným trýznením, a hoci zostávala doma, snažila sa dozvedieť správy o svojom drahom Ježišovi. Potom nadišiel Veľký piatok. Keď sa dopočula, že Pilát odsúdil Ježiša na smrť, bola doma ako vo väzení kvôli svojmu manželovi, z terasy však počula hluk trúchliaceho sprievodu, ktorý pomaly kráčal po krížovej ceste cez Jeruzalem. Serafia horela jedinou túžbou: aby sa mohla stretnúť s Ježišom skôr, ako ho ukrižujú. Keďže vedela, že Ježiš je na smrť vysmädnutý, už to viac doma nevydržala a rozhodla sa mu ísť v ústrety. Čo mohla urobiť, aby zmiernila jeho utrpenie? Svojej dcére podala fľaštičku s lahodným alkoholickým nápojom, aby uhasila jeho smäd. Zobrala tiež ľanovú šatku, aby zvlhčila jeho svätú tvár, a rýchlo vykĺzla z domu tak, aby si to jej manžel nevšimol.

Nakoniec sa dostala k sprievodu. Ako sa však prederie cez kone a vojakov vyzbrojených kopijami a reťazami? Ako sa dostane k Ježišovi? Nemysliac na to, že by ju mohli zbiť alebo dobiť na smrť, rozbehla sa a zázračne sa dostala až k Ježišovi. Tak koná láska: nevidí prekážky, nezastaví sa pred strachom.

Jej dcérke sa však nepodarilo dostať k Ježišovi — akýsi vojak ju odstrčil a vypadla jej fľaštička určená pre Ježiša.

Serafia teraz stojí pred Ježišom a hľadí na neho. V tom božskom okamihu, keď sa im stretli pohľady, tento pohľad vzájomnej lásky vyjadruje to podstatné: všetko dokáže, všetko je ním povedané, všetko je v ňom obsiahnuté. Ježiš, ktorého Serafia vidí, však nie je ten istý Ježiš, ktorého poznala. Tvár mu sčervenala po tom, ako sa potil krvou v Getsemanskej záhrade. Na hlave má tŕňovú korunu, je pokrytý pľuvancami, prachom, ba aj zvieracími výkalmi, lebo viackrát spadol a v tej dobe boli úzke uličky Jeruzalema znečistené všeličím. Tvár má opuchnutú na nepoznanie po úderoch, ktoré mu vojaci uštedrili počas minulej noci vo väzení. Jeho hlboký pohľad si však zázračne zachoval svoju božskú vznešenosť. Nespúšťajúc oči z tohto pohľadu, Serafia s nesmiernou láskou osuší jeho tvár a v okamihu z nej utrie pľuvance, prach a krv. Je to gesto dokonalej lásky, vnuknutej Duchom Svätým. Aká veľká útecha pre Ježiša! Prorok Izaiáš, ktorý mal prorocké videnie Božieho Syna pri jeho umučení, veľmi dobre vystihol znetvorenú tvár trpiaceho Služobníka: *„Nemá podoby ani krásy, aby sme hľadeli na neho, a nemá výzoru, aby sme po ňom túžili. Opovrhnutý a posledný z ľudí, muž bolestí, ktorý poznal utrpenie, pred akým si zakrývajú tvár..."* (Iz 53, 2-3) Pri tomto geste dokonalej lásky, ktoré mu prinieslo toľko útechy, Ježiš na oplátku urobil dvojnásobný zázrak: nielen že vtlačil svoju božskú tvár na Serafiinu šatku, ale zároveň vložil do jej srdca oheň mimoriadnej lásky, ktorý v nej už nikdy nevyhasol.

Táto ľanová šatka, ktorú si Cirkev od vekov uchováva, sa dnes nachádza v Bazilike svätého Petra v Ríme pod kupolou vedľa pravého stĺpa, hneď pod sochou svätej Veroniky. Látka postupom času stmavla, no v roku 1848 sa pred očami všetkých prítomných stal zázrak. Podľa tradície býva na Veľký piatok šatka vystavená verejnosti, ale keďže látka už stmavla, nemožno na nej rozoznať Ježišovu tvár. Pred niekoľkými rokmi sa však náhle rozjasnila a všetci mohli na chvíľu obdivovať Kristovu božskú Tvár, kým znovu nestmavla ako predtým.

Vráťme sa však k Serafii. Po tomto odvážnom geste lásky Serafiu aj jej dcéru vojaci odstrčili. Dieťa teda nemohlo Ježišovi uľaviť od strašného smädu, ktorý ho sužoval a pre ktorý na kríži vykríkol: *„Žíznim!"*

Veronika nás učí pravej kontemplácii: čím viac Ježiša kontemplovala, tým viac rástol jej súcit s ním. Čím viac si osvojovala jeho bolesť, tým viac ju poháňala potreba ísť mu na pomoc. Keby sme len vedeli, ako veľmi pomáhame Ježišovi, keď s úprimnou láskou rozjímame nad jeho umučením! Veronika je toho svedkom: čím viac rozjímame o Ježišovi v jeho *kenóze* (sebavyprázdňovaní), tým viac nám odovzdáva svoju božskú nádheru a vtláča do našej duše svoj božský obraz. Aký zázrak! Ľanová šatka sa stáva symbolom Božieho pôsobenia, ktoré sa odohráva vtedy, keď rozjímame o Ježišovom umučení. Svätej Faustíne sa Ježiš zdôveril: „Dcéra moja, tvoje spolucítenie je pre mňa úľavou. Tvoja duša nadobúda zvláštnu krásu, keď rozjímaš o mojom umučení." (Denníček § 1657)

Nechajme Ducha Svätého konať v nás tento zázrak: pri rozjímaní nad Ježišovým umučením získavame krásu, lásku, nežnosť a nakoniec sa stávame podobní Bohu. Skrze náš pohľad upriamený na neho a skrze jeho pohľad upriamený na nás, nám odovzdáva svoje najväčšie poklady, tie povestné poklady, o ktorých hovorí v evanjeliu, aby sme si ich zhromažďovali v nebi. (porov. Mt 6, 20)

Svetlo načerpané z Ježišovho pohľadu nám zároveň umožňuje vidieť ho v chudobných a v ľudských troskách, ktoré stretávame na svojej ceste. Nemýľme sa však! Buďme obozretní, lebo táto úbohosť nepatrí len žobrákom, chorým, postihnutým či starým ľuďom. Nie, nachádza sa aj u ľudí, ktorí sa zdajú byť bohatí a mocní, majú vysoké spoločenské postavenie, prácu, dobré meno a pekný vzhľad. Ježiš nás pozýva, aby sme prejavovali súcit s každým, ako s bohatými, tak aj s chudobnými, lebo v skutočnosti sme všetci chudobní, aj keď niektorí o tom ešte nevedia. Chudoba niekedy viacej trápi bohatých než chudobných! Stačí sa len pozrieť na štatistiku samovrážd u bohatých ľudí. Vonkajšia pozlátka robí vnútornú biedu ešte neznesiteľnejšou. Koľko modeliek či filmových hviezd pácha samovraždu! Veľakrát ani len netušíme, aký duševný zmätok prežívajú tí, ktorí navonok oplývajú bohatstvom.

V tomto desiatku poprosme Pannu Máriu, aby nám dala svoj pohľad, ktorý vie rozpoznať krásu duše aj napriek všetkým jej utrpeniam, aj napriek celkovému úpadku. Usilujme sa stretnúť s Ježišovou dušou a uhasiť smäd jeho srdca. Nech nám svätá Veronika pomáha svojím orodovaním, aby sme v adorácii upierali pohľad na toho, ktorý sa zo súcitu k nám rozhodol všetkého vzdať, aby nás obohatil sebou samým. Poďme, pokloňme sa mu!

ŠTVRTÉ TAJOMSTVO SÚCITU

Srdce pastiera

okračujeme v našej ceste naprieč Ježišovým životom a vo štvrtom tajomstve súcitu ho vidíme, ako chodí a všade ohlasuje Božie kráľovstvo.
Aký veľký súcit má so zástupmi!

„A Ježiš chodil po všetkých mestách a dedinách, učil v ich synagógach, hlásal evanjelium o kráľovstve a uzdravoval každý neduh a každú chorobu. Keď videl zástupy, zľutoval sa nad nimi, lebo boli zmorené a sklesnuté ako ovce bez pastiera. Vtedy povedal svojim učeníkom: ,Žatva je veľká, ale robotníkov málo. Preto proste Pána žatvy, aby poslal robotníkov na svoju žatvu.'" (MT 9, 35-38)

Pozor! Ježiš nevníma zástup ako celok, ale vidí každého človeka jednotlivo tak, ako ho stvoril. Panna Mária nám hovorí: „Deti moje, nezabudnite, že každý z vás je jedinečným svetom pred nebeským Otcom." (2. MÁJA 2016) On pozná potenciál svätosti, ktorým obdaril každého z nás. Ježiš vo svojom srdci vidí, že tieto zástupy sa môžu stať svätým národom, ktorý ho vo všetkom nasleduje! Sväté písmo nám viackrát odhaľuje veľký sen, ktorý Boh sníva už od vekov: *„Budú mojím ľudom a ja* *budem ich Bohom; budem vaším Pastierom a vy budete moje stádo; budem vaším Otcom a vy budete mojimi synmi; budete mojím ľudom a ja budem vaším Bohom..."* (JER 30, 22)

Ježiš, náš Stvoriteľ, veľmi trpí, keď vidí svoje deti blúdiť bez cieľa, roztratené ako ovce bez pastiera. Krváca mu srdce, lebo vie, čím by sa mohli stať, keby mali dobré vedenie! Svätý Ján z Kríža sa sťažoval Ježišovi, že veľké množstvo veriacich stagnuje v duchovnej priemernosti, lebo nemajú duchovné vedenie, a pritom majú v sebe veľký potenciál svätosti. Aká škoda takto premrhať Božie dary!

Boh rozdáva svoje dary štedro a neustále, kde sú však tí, ktorí ich dostávajú a prijímajú? Predstavme si, že blúdime po púšti bez vody a sme strašne vysmädnutí. V tej púšti sa nachádza studňa, ale my o tom nevieme. Nemáme ani len potuchy, že by tam nejaká studňa mohla byť. Tá studňa je však celkom blízko nás. Tú studňu niekto vykopal, takže ten niekto vie, kde sa nachádza a ako funguje. No nepovie nám: „Tam je studňa, choďte sa napiť, je to zadarmo!" A tak nám neostáva iné než zomrieť od smädu, a to len pár metrov od studne!

Ježiš uzdravuje chorých, vyháňa zlých duchov, vracia dôstojnosť opovrhovaným, umožňuje hriešnikom znova získať stav milosti a zmieruje ich s Otcom. To všetko je veľmi pekné, ale je tu ešte jedna dôležitá vec: Ježiš ohlasuje radostnú zvesť o Božom kráľovstve chudobným, ľuďom okolo seba prináša Božie slovo ako pokrm duše, neúnavne vyučuje toto Slovo, ktoré osvecuje a oživuje. Ľud, ktorý ho počúva, to dobre vie: *„lebo ich učil ako ten, čo má moc, a nie ako ich zákonníci."* (MT 7, 29) Je to predsa to isté Slovo, ktoré stvorilo svet!

V Medžugorí koluje jedna historka, ktorá sa zakladá na skutočných udalostiach. V bývalej Juhoslávii počas štyri a pol storočia trvajúcej tureckej nadvlády, ešte pred nástupom komunizmu, sa vláda kresťanom vyhrážala a prikázala im priniesť všetky Biblie na námestie v dedine, aby ich spálila. Mnohí však svoju Bibliu odvážne ukrývali v pivnici a vo väčšine prípadov ju zakopali do zeme. Z času na čas sa v noci schádzali na tajnom rodinnom obrade pri svetle sviečok a tí, čo vedeli čítať, vzali do rúk Bibliu a celé hodiny z nej čítali ostatným. Takto sa sýtili Pravdou v týchto neprajných časoch: pili z prameňa tohto Slova, ktoré bolo ich radosťou, hrdosťou, silou v skúške, skrátka bolo ich životom. Keď sa obrad skončil, Bibliu zase ukryli, aby sa k nej mohli neskôr vrátiť.

Čo povedala Panna Mária, keď sa zjavila v roku 1981, v dobe hlbokého komunizmu? „Drahé deti! Dnes vás pozývam, aby ste vo svojich domoch každý deň čítali Bibliu. Má byť na viditeľnom mieste, aby vás stále podnecovala k čítaniu a modlitbe." (18. OKTÓBRA 1984) Na viditeľnom mieste? Po tom všetkom, čo sa udialo? Dedinčania to však z lásky k nej urobili a nemali z toho žiadne nepríjemnosti: Kráľovná pokoja ich ochraňovala!

Panna Mária sa viackrát zjavila otcovi Jozovi Zovkovi, ktorý bol správcom farnosti Medžugorie, keď sa začali zjavenia. Päťkrát sa mu zjavila so slzami v očiach a s hlbokým smútkom mu hovorila: „Zabudli ste na Sväté písmo!" Otec Jozo upresnil: „Plakala žalostnejšie než matka, ktorá prišla o svojho syna. Keď zabúdame na Sväté písmo, zabúdame na Ježiša, jej Syna, ktorý je živé Slovo." Jeden zo základných bodov učenia Panny Márie v Medžugorí je, aby sme umiestnili otvorenú Bibliu na viditeľné miesto v našom dome, každý deň si z nej niekoľko veršov prečítali a uvádzali ich do života.

Aj v dnešnej dobe Boh povoláva mnohé zo svojich detí k tomu, aby hlásali jeho Slovo. Keď však pozorujeme súčasný svet, mohli by sme si myslieť, že tých povolaní už nie je toľko, čo bývalo kedysi. Omyl! Zaiste, pred niekoľkými desaťročiami boli semináre plné a vo farnostiach bolo veľa kňazov, ktorí slúžili ľuďom. Dnes je však pastierov málo a tí, ktorí nám zostali, sú preťažení. Boh v skutočnosti stále povoláva rovnaký počet pastierov, povoláva ich podľa potreby svojich detí. No tí, ktorí dnes dostanú toto povolanie, nie sú vždy schopní ho počuť. Opojenie svetom, materializmus, pripútanosť a zotročenie materiálnymi vecami, čoraz silnejšie útoky rôznych rozptýlení a marenie času zbytočnosťami — to všetko prehlušuje Pánov hlas.

„Mlčanie je mečom v duchovnom boji. Mnohovravná duša nikdy nedosiahne svätosť." (Denníček § 477)

„Duša, ktorá mlčí, je silná. Nijaké protivenstvá jej neuškodia, ak vytrvá v mlčaní. Duša, ktorá mlčí, je schopná najhlbšieho zjednotenia s Bohom. Žije takmer vždy pod vnuknutiami Ducha Svätého. Boh v mlčiacej duši pôsobí bez prekážok." (Denníček § 477)

Panna Mária nás prostredníctvom Mirjany upozorňuje:

„Deti moje, opäť vás materinsky prosím, aby ste sa na chvíľu zastavili a porozmýšľali o sebe a o pominuteľnosti tohto svojho pozemského života. Potom porozmýšľajte o večnosti a večnej blaženosti. Čo si prajete vy, ktorou cestou chcete ísť?" (2. júla 2012)

Toto sú teda otázky, ktoré nám kladie naša nebeská Matka, keď nás vidí zaneprázdnených toľkými zbytočnosťami! O čo nám ide? Čo si prajeme? Ktorou cestou chceme ísť?

Panna Mária hovorí: „Satan je silný a chce vás zničiť a rozličnými spôsobmi podviesť." (25. septembra 1990) Hovorí k nám ako ustarostená Matka, ktorá vidí, ako jej deti hľadajú šťastie tam, kde ho strácajú! Jej materinské srdce je preniknuté hlbokým súcitom.

Predstavme si Ježišov súcit voči zástupom dnešných ľudí! Idú do kina, sledujú futbalový zápas, stoja v radoch v nákupných centrách, majú čas na všetko, len nie na to, aby sa utiahli do ticha a počúvali hlas Pastiera, ktorý by im mohol dať pokoj duše, o ktorom snívajú! Ježiš na nás hľadí vždy, nech robíme čokoľvek. Čo sa odohráva v jeho srdci Pastiera? Čo prežíva? Dnes je nedeľa, ale moje deti nešli na svätú omšu, kde som ich čakal s veľkou túžbou naplniť ich! Ak nie ja, Boh, kto potom naplní ich zranené a vyprahnuté srdcia, kto ich naplní? Neprijímajú Chlieb života, dokonca ani nevedia, že ich čakám v kostole!

Áno, Boh nás volá, no my sme sa stali hluchými. Pozýva nás, no my sa bojíme toho ticha, v ktorom sa Boh prihovára nášmu srdcu, lebo je ľahšie opájať sa hudbou a hlukom sveta, aby sme zabudli na tú prázdnotu, ktorá nás prenasleduje aj v noci! Z lenivosti pijeme vlažnú a otrávenú vodu médií a obchádzame Ježišovo Srdce, ktoré nám dáva vodu života.

Kto vstane a dá napiť našim mladým, ktorí už nevedia, koho nasledovať ani kam majú ísť? Mnohí z nich ani nevedia, prečo sú na svete a aký je zmysel ich života! Kto vstane kvôli nim, uprostred našej kultúry smrti, aby povedal utrápeným a opusteným dušiam, kde a ako nájdu cestu, ktorá vedie do neba? Kto vstane, aby ohlasoval Božie slovo, ktoré dáva život?

Aj v dnešnej dobe má Ježišovo krvácajúce srdce pred sebou veľkú, nesmiernu žatvu! Jeho srdce pastiera viac než kedykoľvek predtým prekypuje súcitom, ktorý túži vyliať na každého z nás. Brat môj, sestra moja, vstaň, prosím ťa, vstaň! Prečo chceš využívať len 10 % z tvojej schopnosti milovať? Prečo strácaš čas hlúposťami, keď by si mohol prinášať Božie slovo tým, ktorí po ňom žíznia? Môj drahý priateľ, Ježiš ťa volá, potrebuje ťa.

V tomto desiatku ruženca sa snaž počúvať Boha, lebo on

má jedinečné poslanie pre každé zo svojich detí. Ešte dnes večer, v tichu svojej izby povedz Ježišovi: „Tu som, Ježišu, čo môžem urobiť, aby som ti pomohol nasýtiť tvoje ovečky? Chcem s tebou spolupracovať, Ježišu! Čo môžem pre teba urobiť?"

PIATE TAJOMSTVO SÚCITU

Slepci pri Jerichu

V piatom tajomstve súcitu vidíme Ježiša, ako ďalej putuje rušnými judejskými cestami a nasleduje ho zástup ľudí s rôznymi problémami, chorobami a všetkými možnými útrapami (Mt 20, 29n.). Každý z nich dúfa, že sa mu dostane slovo útechy, pohľad alebo požehnanie. Napokon, veď sa o ňom hovorí, že sa ho stačí len dotknúť! Už sa prejavil ako divotvorca, chýr o ňom sa rozniesol a každý v sebe živí silnú nádej, že tento veľký prorok sa zľutuje nad jeho chorobou a uzdraví ho. Chorí, posadnutí, slepí aj chromí sú v očakávaní.

Ježiš práve vychádza z Jericha, keď naňho vykríknu dvaja slepci sediaci pri ceste: *„Pane, syn Dávidov, zmiluj sa nad nami!"* Zástupu sa však nepáči ich krik a snažia sa ich umlčať. Ale oni tým väčšmi kričia: *„Pane, syn Dávidov, zmiluj sa nad nami!"* Ako by mohli mlčať, veď sa im naskytla životná šanca! Ježiš teda zastane, zavolá si ich a opýta sa: *„Čo chcete, aby som vám urobil?"* (Mt 20, 32) Aká úžasná otázka od Ježiša! Čo by ste odpovedali vy, keby vám Boh položil túto otázku? Aká by bola vaša najväčšia túžba? Aj Panna Mária nám položila tú istú otázku: „Čo si prajete? Ktorou cestou chcete ísť?" Čoraz prenikavejšie výkriky slepcov zasiahli Ježiša priamo do srdca. Neprišiel vari preto, aby slepí videli? Nie je vari on svetlo sveta? Ježiša prenikol súcit, lebo vidí, akí sú zahanbení pre svoju chorobu, ale aj preto, že v tej dobe slepci a mrzáci nemali právo vstúpiť do jeruzalemského chrámu, aby sa tam klaňali Bohu. Bol to zákon ešte z čias kráľa Dávida, a títo slepci nazývajú Ježiša práve „syn Dávidov"! Ježiša to dojalo a vyhovel ich prosbe: vrátil im zrak, no predovšetkým v nich obnovil ich základnú dôstojnosť veriacich: odteraz sa môžu klaňať Bohu v chráme!

Táto udalosť nám pripomína uzdravenie veľkňazovho sluhu Malchusa, ktoré sa odohralo v Getsemanskej záhrade, keď Ježiša zajali (POROV. JN 18, 10). Keď prišiel o ucho, stal sa mrzákom a nemohol by ďalej pracovať pre veľkňaza. V dôsledku toho by nedokázal ďalej živiť svoju rodinu. Ježiš to vedel a preto ho hneď uzdravil.

Pri každom telesnom uzdravení Ježiš robí čosi hlbšie, než sa javí na prvý pohľad, pretože sa dotýka duše človeka a jeho dôstojnosti. Ako by mohol veľkňazov sluha po tomto zázračnom uzdravení zostať Ježišovým nepriateľom? Skúste si tiež predstaviť reakciu veľkňaza, keď mu jeho sluha opísal, ako ho Ježiš dokonale a ihneď uzdravil, napriek tomu, že ho prišiel zajať!

Tým dvom slepcom aj Malchusovi Ježiš priniesol dvojnásobné uzdravenie: uzdravil im telo a zároveň im vrátil ľudskú dôstojnosť. No zatiaľ čo v prvom prípade uzdravil úbožiakov, ktorí v neho verili, v druhom prípade prináša uzdravenie nepriateľovi, ktorý ho prišiel zajať. Ježiš má súcit s každým človekom! V tomto smere sa máme od neho veľa čo učiť!

Vráťme sa však k tým dvom slepcom. Ježiš mal súcit s každým človekom, ktorý bol v tom zástupe. Prečo teda uzdravil iba dvoch? To je tajomstvo, ktoré pozná iba Boh; my sa môžeme len skláňať pred jeho vôľou. Tu sa nevyhnutne vynára množstvo otázok, ktoré si kladú mnohí veriaci, napríklad: Prečo Boh uzdravil z rakoviny šesťdesiatročnú ženu, a jej štvorročného vnúčika nie?

Ježiš sa na veci nepozerá tak ako my. Nebeský Otec poslal svojho Syna na svet, aby ho spasil — ale pre večnosť. Načo by nám bolo telesné uzdravenie, keby sme potom celú večnosť hynuli v pekle? Vizionárka Marija Pavlovičová mi raz povedala: „Panna Mária je smutná, keď vidí, že niektorí ľudia prichádzajú do Medžugoria vyprosiť si telesné uzdravenie, no pritom ďalej žijú v smrteľnom hriechu." Panna Mária to dosvedčuje: „Nie, drahé deti, to nie je správne, pretože zdravie duše je dôležitejšie než zdravie tela! Treba sa najprv zrieknuť hriechu a vykonať si dobrú spoveď. Keby sa ľudia zriekli hriechu, bolo by oveľa viac uzdravení."

V Medžugorí vidíme veľa ľudí, ktorí sa zriekli hriechu, a keď vyšli zo spovednice, zistili, že sú uzdravení. Keď slepci znovu získali zrak, nasledovali Ježiša. Ježiš teda zabil dve muchy jednou ranou: uzdravil ich zo slepoty a urobil ich svojimi učeníkmi. To, že z nich urobil svojich učeníkov, bolo pre neho dôležitejšie než to, že ich uzdravil.

Veľakrát som bola svedkom smutnej reality: niektorí ľudia vôbec nemajú radi kríž a odmietajú ho. Niektorí chorí tak veľmi túžia po uzdravení, že sú ochotní zapredať svoju dušu, riskovať svoju večnú spásu a obracajú sa na šarlatánskych liečiteľov alebo bosorky. Vo svojom poblúdení klopú na nesprávne dvere a sú ochotní zaplatiť horibilné sumy, len aby dosiahli uzdravenie aj na úkor vlastnej duše. Rozhodnú sa napríklad pre seansu reiki, ktoré sa chorým čoraz častejšie ponúka, no pritom si neuvedomujú, že sa nechali zlákať rafinovaným klamstvom, ktoré je ohavnosťou! Naivne veria, že budú uzdravení, no je to len ilúzia, pretože majstri reiki na liečenie chorôb vzývajú démonov. Výsledkom je, že sa choroba iba presunie na iné miesto v tele alebo na psychiku a stav takéhoto človeka sa ešte zhorší. Už nie je schopný sa modliť, nemôže vystáť svojho partnera, zaoberá sa smrťou, či dokonca pomýšľa na samovraždu. Diablovi totiž ide o to, aby nás zničil. Takéto obete reiki v Medžugorí stretávame často...

Keď Ježiša o niečo prosíme, či už ide o uzdravenie tela alebo duše, je dôležité snažiť sa pochopiť, aký má Boh s nami plán, a byť ochotní ho prijať. Panna Mária hovorí:

„Drahé deti, keď sa modlíte, opakujete: ,Pane, uzdrav ma! Uzdrav ma!' Nie, drahé deti, takto sa nemodlite, lebo vtedy sa sústreďujete na váš problém a nie ste otvorení Božej vôli. Hovorte radšej: ,Pane, nech sa v mojom živote stane tvoja vôľa!' Vtedy Pán bude môcť uskutočniť telesné uzdravenie alebo oslobodenie. On vie, čo má robiť." (Posolstvo dané Vicke)

Dňa 23. júna 1985 vizionárke srdca Jelene Vasiljovej, ktorá vedie modlitebnú skupinu v Medžugorí, Panna Mária odovzdala túto modlitbu so slovami, že je to najlepšia modlitba za chorého:

MODLITBA ZA CHORÉHO

„Môj Bože, tento chorý, ktorý je tu pred tebou, prišiel ťa prosiť o to, čo sa mu javí ako najdôležitejšie: to, čo si praje,
považuje pre seba za najdôležitejšie. Ty však, Pane, vlož mu do srdca tieto slová: ,Dôležité je, aby bola zdravá duša!' Pane, vo všetkom nech sa naplní tvoja svätá vôľa! Ak chceš,
nech sa uzdraví. Ak je to však tvoja svätá vôľa, potom nech nesie ďalej svoj kríž. Prosím ťa aj za nás, ktorí sa za

neho modlíme: očisť naše srdcia, aby sme boli hodní toho, aby si skrze nás rozdával svoje sväté milosti. Ochraňuj tohto chorého a uľahčuj mu v bolestiach. Nech sa na ňom naplní tvoja svätá vôľa a nech sa v ňom prejaví tvoja božská láska.

Pomáhaj mu, aby statočne niesol svoj kríž.

Na záver sa môžeme pomodliť trikrát *Sláva Otcu*.

Skôr ako sa spolu pomodlíme tento desiatok, namiesto toho, aby sme sa sústredili na našu chorobu alebo na chorobu nášho blížneho, upriamme pohľad na srdce Ježiša, ktorý je vždy pripravený dať nám to najlepšie, a načerpajme z jeho pohľadu ten nesmierny súcit, ktorý má pre každého z nás. A ak nám položí otázku: *„Čo chceš, aby som ti urobil?"*, vyberme si správne! Nedajme sa pomýliť šťastím; vyberme si to, čo začína tu na zemi a pretrvá naveky!

Tajomstvá milosrdenstva

Aké nádherné je Božie milosrdenstvo! *„Blahoslavení milosrdní, lebo oni dosiahnu milosrdenstvo,"* hovorí Ježiš (Mt 5, 7). Blahoslavenstvá nám ukazujú skutočnú identitu nášho Spasiteľa; sú akýmsi skenerom jeho duše. Odhaľujú nám všetky jeho povahové vlastnosti, ako aj osem dôvodov, prečo je blahoslavený: je chudobný v duchu, plačúci, tichý, lačný a smädný po spravodlivosti, milosrdný, má čisté srdce, je šíriteľom pokoja, je prenasledovaný pre spravodlivosť, potupovaný a hanobený... Piate blahoslavenstvo o milosrdenstve vytrhuje našu dušu z apatie a mohlo by nás aj vystrašiť. Ako keby nám opakovalo: „Ak neprejavíš milosrdenstvo voči tým, ktorí ťa zranili, ani ty nedosiahneš milosrdenstvo a nebudeš môcť ísť do neba." Ježiš však neprišiel preto, aby nás strašil — práve naopak, dáva nám návod, ako môžeme byť spasení! Satan sa desí milosrdenstva, takže táto výzva k milosrdenstvu je nesmierne dôležitá a nevyhnutná, lebo to je spôsob, ktorý nám umožňuje s istotou zvíťaziť nad krutým nepriateľom a prekaziť jeho plán, ktorým je naša záhuba. Ako sa môžeme stať milosrdní? V prvom rade musíme po tom vrúcne túžiť! A tiež tým, že budeme svojím vnútorným zrakom kontemplovať toho, ktorý je stelesnené Milosrdenstvo! *„Na neho hľaďte a budete žiariť"* (Ž 34, 6).

Nasledujúcich päť tajomstiev milosrdenstva nás zavedie na novú cestu do hĺbky Božského Srdca. Stanú sa z nás prieskumníci. Každé z týchto tajomstiev ukrýva poklad, ktorý treba objaviť, pochopiť a začleniť do nášho života. Ježiš nám túži dať tieto poklady a je pripravený urobiť všetko pre to, aby sme ich prijali. Veľmi si praje, aby naša duša žiarila jeho milosrdenstvom. Chce na nás preniesť túto podobu, ktorá je slávou svätých!

PRVÉ TAJOMSTVO MILOSRDENSTVA

Márnotratný syn

V tomto tajomstve s úžasom zistíme, čo nám Boh zjavil ako svoju najcharakteristickejšiu vlastnosť: milosrdenstvo. Nebudeme však vychádzať z etymológie latinského slova *misericordia*, ale pozrieme sa na význam pôvodného hebrejského slova, ktoré je použité vo Svätom písme. Hebrejský výraz nám totiž umožní pochopiť hĺbku pojmu milosrdenstva tak, ako ho Boh zjavil svojmu ľudu.

Pojem „milosrdenstvo" je v hebrejčine vyjadrený slovom *rachamim*, čo je množné číslo slova *rechem*, ktoré znamená „materské lono", „maternica". Označuje teda najintímnejšiu a zároveň najkrajšiu časť ženského tela, pretože v nej je počatý nový život a niekoľko mesiacov sa tu v skrytosti formuje dieťa. V očiach Stvoriteľa je to drahocenné miesto, akýsi svätostánok, v ktorom s nami spolupracuje na tom, aby mohla vzplanúť iskra nového života. Keď chce Boh vyjadriť svoje milosrdenstvo, používa toto slovo v množnom čísle — *rahamim*. Samozrejme, množné číslo v tomto prípade nevyjadruje viacero materských lôn, ale umocňuje jeho význam.

Začnime podobenstvom o márnotratnom synovi, v ktorom nám Ježiš predstavuje nádherný obraz nebeského Otca (POROV. LK 15, 11-31). Márnotratný syn túži po nezávislosti, a tak si zoberie svoje veci, peniaze aj dedičstvo a odíde z domu svojho otca, kde sa narodil. Vo svojej nevedomosti a chvíľkovej zaslepenosti je presvedčený, že nezávislosť mu prinesie veľké šťastie, ale v skutočnosti padá do pasce Zlého. Otcovi z toho krváca srdce, je zarmútený. Dobre vie, že jeho syn je obeťou veľkej ilúzie a chce uspokojiť svoje rozmary ďaleko od zraku svojho otca. Túži po slobode a nezávislosti, no neuvedomuje si, že jeho rozhodnutie z neho urobí otroka jeho zaslepenej a zvrátenej povahy. Je odsúdený na trpkú porážku, skončí na mizine, zahanbený, vyhladnutý a bieda ho donúti stať sa pastierom svíň — a to nie je kóšer! Pre Žida to bola potupa!

Kde sa stala chyba? Prečo skončil tak žalostne? Tento syn sa rozhodol, že bude ako voľný elektrón, ako odpojená družica; snaží sa realizovať ďaleko od svojho otca, lebo nepochopil, že pri ňom mal všetko — predovšetkým lásku a všetky obzory, ktoré láska otvára. Stal sa sirotou, zatiaľ čo doma mal všetko. Ako veľmi kontrastuje synovo chladné rozhodnutie odísť s nesmiernou láskavosťou otca, ktorý ho so zlomeným srdcom vidí odchádzať a každý deň ho vyzerá na ceste, či sa nevráti!

To isté platí aj o nás. Čím viac sa približujeme k Najsvätejšej Trojici, tým väčšmi sa prehlbuje naše spoločenstvo s tromi božskými osobami. A naopak, čím viac sa od Boha vzďaľujeme, tým väčšmi strácame pokoj a stávame sa voľnými elektrónmi, ktoré sú úplne oddelené od Boha. Panna Mária nás učí, že náš nepokoj pramení z toho, že sme sa vzdialili od Boha. Vzdialenosť, ktorá nás od neho oddeľuje, je obľúbeným územím nepriateľa, kde môže nerušene pôsobiť proti nám. Zato naše spojenie s Bohom mu berie jeho pole pôsobnosti.

A ako reaguje Boh? Necháva nám slobodnú vôľu rozhodnúť sa pre neho alebo ho odmietnuť: to syn sa rozhodol odísť od otca, nie naopak. Miesto, ktoré v otcovom srdci patrilo synovi, zostalo prázdne. Je to tá najbolestnejšia prázdnota. Každý deň čaká ako vojak na stráži na svojho milovaného syna dúfajúc, že sa vráti a znovu zaujme to prázdne miesto v jeho srdci. Zaiste, otec by sa mohol cítiť zatrpknutý a pomyslieť si: „Sám sa rozhodol odísť, tak nech má, čo chcel, nech si žije svoj život, to už nie je moja vec!" No tak to vôbec nie je! Otec čaká na svojho syna a každý deň ho vyzerá na kraji cesty. Toto je Božie milosrdenstvo, toto je to materské lono, ktoré sa nedokáže pozerať na to, ako jeho dieťa odchádza preč, lebo vie, že keď sa od neho vzdiali, stratí všetko: šťastie, pokoj, radosť, spoločenstvo, život! Božie milosrdenstvo sa podobá hlbokej láske matky. Každá matka vie, čo to znamená.

Videli sme, že syn sa stal pastierom sviň a trpel hladom . . . Ale čo si pomyslel v tých ťažkých chvíľach? „Bolo mi lepšie u môjho otca." Rozhodol sa teda, že sa vráti domov, nie však preto, že miluje svojho otca, ale preto, lebo je hladný. Musíme si uvedomiť, čo bola jeho motivácia. Nech už je to akokoľvek, nakoniec sa vrátil...

Čo urobí otec, keď ho zbadá v diaľke? Beží mu v ústrety! Prijíma ho s láskou a vrúcne ho objíma. Márnotratný syn iste zapácha, veď človek, ktorý prešiel toľko kilometrov a predtým pásol svine, nemôže voňať po ružiach! Otec však na to neberie ohľad, vôbec mu to nevadí, veď je zázrak, že sa mu syn vrátil! Nenechá ho ani dopovedať jeho vyznanie, ale ho zovrie v náručí s nekonečnou láskou a nežnosťou. Aká nesmierna radosť! Jeho otcovské srdce prekypuje láskou. Hneď rozkáže svojim sluhom, aby pripravili hostinu: *„Rýchlo prineste najlepšie šaty a oblečte ho! Dajte mu prsteň na ruku a obuv na nohy! Priveďte vykŕmené teľa a zabite ho. Jedzme a veselo hodujme."* (Lk 15, 22-23)

Tu mi prichádza na um ten deň, keď sestra Faustína

Kowalská spáchala hriech. Veľmi sa za to hanbila, cítila hlbokú ľútosť a pokorovala sa pred Bohom. Ježiš jej však vysvetlil, že tým, že sa tak pokorila, získala pre svoju dušu ešte viac milostí, ako keby ten hriech nebola spáchala.

Boh je taký dobrý, že nám odníma náš hriech a ak sa k nemu vrátime, namiesto toho, aby nás odsúdil a potrestal, premení ten hriech na čosi pozitívne. Hriech je zlý, preto zapácha, ale keď z lásky k Ježišovi robíme pokánie, on premení tento hriech na vôňu, ako povedal nebeský Otec svätej Katarínke Sienskej *(Dialógy)*.

Svätá Miriam z Betlehema nám ponúka krásne prirovnanie, ktoré stojí za to si zapamätať, lebo je zdrojom uzdravenia pre utrápenú dušu: „Najkrajšie stromy v nebi sú tie, ktoré najviac zhrešili, ale svoju úbohosť použili ako hnojivo pre svoje korene."

Hriešnik si teda uvedomuje, že Boh môže premeniť jeho hriech na pozitívnu hodnotu v službách svetla. Jeho hriech priloží ku koreňom stromu tak, ako sa do zeme pridáva hnojivo, aby mohol strom prinášať krásne ovocie.

V tomto desiatku ruženca sa vrhnime do náručia nášho nebeského Otca a nepozerajme na svoje chyby! Nech by bol náš hriech akokoľvek ťažký, hoďme ho do rozpáleného Božského Srdca: Otec na nás čaká.

Pozri: sr. Emmanuel Maillard: *Mariam de Bethléem, la petite Arabe*, EdB, 2015.

Ježiš a Samaritánka

V tomto tajomstve milosrdenstva sa zastavíme v Samárii. V najväčšej páľave dňa unavený Ježiš sedí pri Jakubovej studni a vidí prichádzať akúsi ženu. Dobre ju pozná; vie, že je to stratená ovca, lebo Ježiš vidí do srdca. Chce ju zachrániť, a tak sa s ňou pustí do reči (PoRoV. Jn 4, 1-30).

Ježiš vie, že táto žena mala už päť mužov a teraz žije s ďalším. V snahe nájsť lásku vystriedala viacerých partnerov. Ale márne! Jej túžba milovať a byť milovaná, jej smäd po trvalej láske sa premenil na otvorenú ranu. Táto žena umiera od smädu, od trýznivého smädu po láske, ktorú nikdy nenašla. Ježiš sa jej prihovorí prosbou: *„Daj sa mi napiť!"* Aký nádherný úvod! Vyjadrením svojho vlastného smädu sa jej Ježiš pripodobňuje a zdieľa s ňou jej základný problém. Ježišov smäd totiž spočíva v tom, že túži zachrániť túto stratenú ovečku, a ona zase žízni po láske. Tí dvaja sú stvorení jeden pre druhého!

Žena však nechápe, že Ježiš hovorí o smäde svojho srdca; nedokáže si ani len predstaviť, ako sa chveje súcitom k nej, lebo ona svoj život vníma ako úplne zbabraný a bezvýchodiskový. Veď stratila dobrú povesť aj vlastnú sebaúctu. Čo ešte môže od života čakať? Existuje pre ňu ešte cesta ku šťastiu?

Nepremárnila už všetky svoje šance? Ježiš pri pohľade na úbohosť tejto ženy horí nesmiernou túžbou získať späť svoju stratenú ovečku, priviesť ju k jej nádhernému poslaniu ženy a prinavrátiť jej pôvodnú krásu. Túži ju vytiahnuť z priepasti beznádeje, v ktorej uviazla, a obnoviť jej nádhernú identitu ženy stvorenej pre lásku a plodnosť.

Ježiš tejto žene vysvetľuje, že ak chce navždy uhasiť svoj smäd po láske, musí prestať nadväzovať jeden milostný vzťah za druhým a začať sa klaňať Bohu. Áno, klaňať sa! Ježiš ju neodsudzuje. Práve naopak, ukazuje jej, ako získať jedinú a pravú lásku, ktorá dokáže naplniť jej ľudské srdce — robí z nej Božiu ctiteľku. Táto žena už nikdy nebude otrokyňou svojich zlých rozhodnutí; odteraz už nebude hľadať šťastie tam, kde sa stráca. Klaňanie sa živému Bohu je ako rieka živej vody, ktorá zavlažuje každé miesto, ktorým preteká. Ježiš jej tiež vysvetľuje, že ak bude piť vodu, ktorá pramení z jeho srdca, už nikdy nebude smädná: *„Kto sa napije z vody, ktorú mu ja dám, nebude žízniť naveky. A voda, ktorú mu dám, stane sa v ňom prameňom vody prúdiacej do večného života."* (Jn 4, 14)

To platí aj pre nás, ktorí sme často znepokojení, prázdni, zarmútení, frustrovaní... Keď sa klaniame Ježišovi v Oltárnej sviatosti, ale aj vtedy, keď sa klaniame Bohu v duchu a pravde v prírode, zavlažuje nás mocná rieka, ktorá prúdi z Ježišovho srdca, a konečne sme naplnení, uspokojení, nasýtení tou Láskou, po ktorej túžime v najväčšej hĺbke našej duše!

Je to zázrak Ježišovho milosrdenstva, ktorý ľudí premieňa, alebo skôr im pomáha, aby sa stali sami sebou, aby znovu objavili svoju pravú identitu Božích stvorení. Božie milosrdenstvo nám ukazuje, kým naozaj sme.

Z tejto ženy, ktorou všetci obyvatelia dediny opovrhovali, Ježiš urobil Božiu ctiteľku a šíriteľku evanjelia. Takto sa naplnilo jej povolanie k plodnosti! A nie hocijakej plodnosti! Boh si ju vyvolil, aby priniesla spásu celej svojej dedine — práve ju, ktorou najviac pohŕdali! Také je Božie milosrdenstvo: ten, kto je v očiach ľudí najmenší, ten, koho by si nikto nevybral, sa stáva vyvoleným. Vďaka tejto žene celá dedina spoznala Ježiša a uverila v neho! Ježiš ju vyslobodil z hanby, ktorá ju ťažila, aby z nej urobil novú ženu, ktorá prináša pravé svetlo ostatným. A jej radosť z toho, že sa stala Božím nástrojom, uzdravila jej rany.

V tomto desiatku ruženca kontemplujme Ježišovo srdce, z ktorého sa na nás vylievajú prúdy živej vody, a odovzdajme mu všetky naše frustrácie, sklamania v láske a nenaplnené túžby... Otvorme sa mu! Vari nie sme všetci vysmädnutí? Ježiš stojí pred nami a je pripravený celý sa nám darovať. Poďme sa teda napojiť z jeho srdca!

TRETIE TAJOMSTVO MILOSRDENSTVA

Ježiš a cudzoložnica

retie tajomstvo milosrdenstva nás pozýva, aby sme boli svedkami strhujúcej scény. Nachádzame sa v Jeruzaleme, je ráno. Ježiš zostúpil z Olivovej hory, kde strávil noc v modlitbe, a tak ako každý deň, vyučuje v chráme, obklopený zástupom ľudí, ktorí dychtivo počúvajú jeho slová. Farizeji a zákonníci k nemu privedú akúsi ženu pristihnutú pri cudzoložstve a postavia ju priamo pred neho, aby ju všetci videli. Akí sú k nej neúctiví! Aké je to pre ňu ponižujúce! Prečo to však robia? Určite nemajú v úmysle postarať sa o tú ženu a o jej dušu; to je, žiaľ, to posledné, čo ich trápi. Ich cieľom je chytiť Ježiša do pasce a touto ženou si len poslúžili, aby ho usvedčili. Videli, že Ježiš miluje hriešnikov a snaží sa ich priviesť k pravému pokániu. Popierajú jeho poslanie Spasiteľa, lebo sú zaslepení žiarlivosťou, ktorá im bráni ho nasledovať.

Vymysleli *takmer* dokonalý plán, ako Ježiša nachytať. Na jednej strane ho vyprovokujú až do kľúčového bodu jeho poslania: privádzať naspäť k Bohu stratené ovce z domu Izraela; na druhej strane ho konfrontujú s neodvolateľným Mojžišovým zákonom, podľa ktorého takéto ženy treba ukameňovať. A Ježiš predsa nemôže porušiť Sväté písmo. To je ale rafinované!

„Istotne sa chytí do pasce," myslia si farizeji a položia mu otázku:

„Učiteľ, túto ženu pristihli priamo pri cudzoložstve. Mojžiš nám v zákone nariadil takéto ženy ukameňovať. Čo povieš ty?" (Jn 8, 4-5)

Ježiš, Božie Slovo, reaguje nečakane — mlčí! Namiesto toho začne písať prstom po zemi. Zákonníci a farizeji čakali, že niečo povie, a teraz sú zmätení, ba až podráždení. Neprestávajú sa ho vypytovať. Vtedy sa Ježiš vzpriami a povie im: *„Kto z vás je bez hriechu, nech prvý hodí do nej kameň."* Zostanú ako obarení, nemajú slov a nikto sa ani nepohne. Ježiš sa znovu zohne a ďalej pokojne píše prstom po zemi. Čo tam len môže písať? Znalcov zákona zožiera zvedavosť, sú celí zmätení. Chcú v tom mať jasno, a tak sa jeden po druhom približujú k nemu.

Vieme, že Ježiš je Boh a vidí do hĺbky ľudského srdca. Ako to, že títo učitelia, ktorí sa pokladali za múdrych, to ešte stále nechápu? Ježiš mlčky čaká so sklopeným zrakom, aby neprivádzal hriešnicu do rozpakov. Práve napísal na zem najťažší hriech prvého zákonníka, ktorý sa k nemu priblížil. Keď si zákonník prečíta svoj hriech, zmocní sa ho strach! Hľa, jeho hriech je odhalený a zreteľne napísaný! „Kto je tento muž, že tak dobre pozná môj život?" hovorí si. „A čo ak sa to dozvedia aj ostatní?" Celý zahanbený a roztrasený odchádza preč a na nič viac sa nepýta. Keď však Ježiš vidí prichádzať ďalších zvedavcov, nechce, aby jeho hriech poznali aj ostatní farizeji; nekoná tak ako oni, keď s potešením verejne pranierovali hriech tejto ženy. V tej chvíli sa prejaví jeho Božie milosrdenstvo a svojou rukou Stvoriteľa a Spasiteľa zotrie hriech tohto muža. Hriech je preč, zmizol, je vyškrtnutý zo zoznamu! Hľa, Baránok Boží, ktorý zotiera hriechy sveta! Pristúpi k nemu ďalší farizej, ten však nemôže poznať hriech svojho brata. To je spovedné tajomstvo!

Aký ohľaduplný je Ježiš k tomuto hriešnikovi! Nechce ho zahanbiť, preto nikomu inému neukáže jeho hriech. To je dôvod, prečo má na pôvodnom obraze Božieho milosrdenstva Ježiš sklopený zrak. Obraz, ktorý je najviac rozšírený, žiaľ tento detail nezachytáva tak verne, ako ho svätá Faustína opísala.

Na chvíľu sa zastavme a kontemplujme nežnosť lásky, ktorú Ježiš svojím postojom prejavuje tomuto hriešnikovi. Chce ospravedlniť dokonca aj toho, kto so záľubou poukazoval na hriechy druhých! A čo my: necítili sme akési zadosťučinenie, keď sme zistili, že Ježiš písal na zem ich hriechy? Nemali sme pokušenie pomyslieť si: „Tak im treba!"? Pri každom hriechu Ježiš trpí, jeho srdce krváca. Byť s ním zjednotený znamená, že aj nám spôsobujú hriechy druhých bolesť, aj keď to nevyzerá, že by to tí hriešnici ľutovali. Čo sa stalo s týmito zákonníkmi a farizejmi? To nevieme. Uvedomili si, že im Ježiš ponúkol šancu, aby sa verejne ospravedlnili a zriekli sa hriechu, ktorý v nich prebýval? Mohli po tomto ešte vyčítať Ježišovi jeho milosrdenstvo?

V evanjeliu vidíme, ako títo muži jeden po druhom odchádzajú, počnúc staršími, ktorí istotne spáchali najviac hriechov. Keď už všetci odišli, Ježiš zdvihne zrak a vidí, že žena tam zostala. Povie jej: *„Žena"*, tak ako neskôr na kríži povie svojej matke: *„Žena, hľa tvoj syn!"* Týmto oslovením Ježiš vracia cudzoložnici jej nádhernú dôstojnosť stvorenia, dôstojnosť ženy, ktorú Boh stvoril na šiesty deň na svoj obraz. *„Žena, kde sú? Nik ťa neodsúdil?"* Žena rozochvená nádejou si kladie otázku, ako k nej bude tento láskavý muž pristupovať. Ona pozná Zákon — ten cudzoložným ženám nič neodpúšťa! Na jeho otázku odpovedá: *„Nik, Pane."* A Ježiš jej hovorí: *„Ani ja ťa neodsudzujem."* Predstavte si, aká to musela byť pre ňu úľava! Od odsúdenia na istú smrť sa jej dostáva úplné oslobodenie. Naozaj? Áno, lebo odteraz musí prestať porušovať Božie prikázania. Ježiš totiž vo svojej autorite dodáva: *„Choď a už nehreš!"* (Lk 8, 11) Dúfajme, že pochopila, že hriech vedie k smrti. Veď jej unikla len o vlások! *„Lebo mzdou hriechu je smrť,"* ako píše svätý Pavol, *„ale Boží dar je večný život v Kristovi Ježišovi, našom Pánovi."* (Rim 6, 23)

Je krásne vidieť, ako sa Ježišovo srdce, podobne ako naše srdce v tejto chvíli, približuje k tejto žene, ktorá je obeťou zlomyseľného pokrytectva. Ježiš ju zachraňuje pred hroziacim ukameňovaním a pozýva ju, aby sa vrátila do stavu milosti a zmenila svoj život. Čo nás však najviac zaráža, je fakt, že Ježišovo srdce sa skláňa aj nad osudom tých namyslencov, ktorí sa pokladali za spravodlivých, a vlastnou rukou zotrel aj ich hriech. Každému z nich odpustil, preto odchádzajú bez slova, nenachádzajúc reč nad týmto nečakaným milosrdenstvom. Na tohto Ježiša z Nazaretu a jeho prekvapenia len tak skoro nezabudnú!

Chcela by som zdôrazniť jednu vec: sme majstri v ohováraní, lebo keď vidíme alebo sa dozvieme, že niekto spáchal hriech, nestrácame čas a hneď to roztrubujeme, šírime klebety a takto ničíme dobrú povesť našich bratov. V tejto súvislosti spomeniem jednu historku o svätom Filipovi Nerim, ktorý mal láskavé srdce pre hriešnikov. Raz k nemu prišla na spoveď istá žena a okrem iného sa priznala, že ohovárala. Namiesto rozhrešenia jej Filip Neri povedal: „Choď na trh, kúp sliepku

---

* Podľa videnia Marty Robinovej, ktoré uvádzal jej spovedník otec Finet na svojich duchovných cvičeniach.

a dones mi ju." Žena poslúchla. Filip Neri jej ďalej prikázal: „Teraz sa vráť na trh aj so sliepkou a ošklb ju." A znova urobila, ako jej povedal. Keď sliepku ošklbala, vrátila sa k Filipovi Nerimu a celá spokojná mu povedala: „Hotovo, otče, urobila som všetko tak, ako ste mi prikázali." On jej odvetil: „Dcéra moja, teraz sa vráť na to miesto a pozbieraj všetky pierka, ktoré si tej sliepke vyšklbala." Ona sa však zarazila: „Ale to sa nedá, vietor už pierka rozfúkal na všetky strany, ja ich už nezachytím!" A svätec jej vysvetlil: „Presne tak! Teraz už chápeš, čo si urobila: keď raz o niekom rozšíriš klebetu, už ju nemôžeš vrátiť späť. Nemáš viac nad ňou kontrolu, šíri sa ďalej a všade koná svoje dielo skazy." A vtedy žena, pohnutá úprimnou ľútosťou, konečne dostala rozhrešenie.

Vráťme sa ešte na chvíľu k tej cudzoložnici, ktorá vážne porušila Božie prikázanie. Boh vo svojej dobrote nám dal prostredníctvom Mojžiša desať prikázaní, aby nám pomohol rozlíšiť dobro, ktoré vedie k životu, od zla, ktoré plodí smrť, a vyzýva nás, aby sme ich zachovávali.

> „Zachovávaj jeho prikázania a jeho ustanovenia, ako som ti dnes prikázal, aby sa tebe a tvojim deťom po tebe vodilo dobre a aby si dlho ostal v krajine, ktorú ti Pán, tvoj Boh, dáva na večné veky." (Dt 4, 40)

> „[Dnes vám predkladám] kliatbu, keď nebudete poslúchať príkazy Pána, svojho Boha, odbočíte z cesty, ktorú vám dnes prikazujem, a pôjdete za inými bohmi, ktorých nepoznáte." (Dt 11, 28)

> „Všetky tieto kliatby na teba doľahnú a dochytia ťa, kým ťa nezničia, pretože si nepočúval hlas Pána, svojho Boha, a

nezachovával si jeho príkazy a ustanovenia, ktoré nariadil."
(Dt 28, 45)

Ak chceme mať v sebe život, potom musíme zachovávať prikázania, ktoré nám Boh dal. Keď dávame deťom náboženskú výchovu, ktorá už viac neobsahuje Desatoro, vystavujeme ich vážnemu nebezpečenstvu a žiaľ, už teraz vidíme, aké to má následky! Takéto deti nemajú kompas, aby sa vedeli zorientovať a kráčať v Božom svetle vo svete, ktorý ich bombarduje falošnými svetlami.

Panna Mária nám hovorí jasne: ak ju prosíme o pomoc, robme to tak, ako treba. Nemôžeme ju úpenlivo prosiť, a pritom ignorovať Božie slovo, ako keby mohla konať nezávisle od Božieho diela: „Drahé deti, nemôžem vám pomôcť, ak nežijete podľa Božích prikázaní, neprežívate omšu a neodvraciate sa od hriechu." (25. októbra 1993)

Ale pozor! Zlý nám nastavuje rafinovanú pascu, do ktorej padá mnoho dnešných ľudí. Vo svete je rozšírený jeden démon, ktorý má v dnešnej dobe obrovský úspech. Ten démon sa volá: „Veď to robia všetci." Vezmime si napríklad vydatú ženu, ktorá je v pokušení vyspať sa s cudzím mužom. Keďže dostala kresťanskú výchovu, uvedomuje si, že je to ťažký hriech, ktorý uráža Boha, a keby ho spáchala, nemohla by ďalej prijímať Ježiša vo svätom prijímaní. Cíti silnú príťažlivosť k tomuto mužovi, ale nechce riskovať, že by sa dopustila ťažkého hriechu. Boží Duch jej to jasne ukazuje prostredníctvom Desatora. Čím ju však naočkuje zlý duch? „Len žiadne obavy, veď to robia všetci!" Tak potom je to v poriadku: ak to robia všetci, tak prečo by som to nemohla robiť aj ja? A v tom spočíva tá pasca. Pozor: všetko, čo je v rozpore s Božím slovom, je lož! Náročky som uviedla tento príklad, ktorý je dnes veľmi rozšírený, pretože s odstupom času vidíme veľa ľudí, ktorých tento démon privádza k úzkosti, skľúčenosti, ba až k samovražedným myšlienkam. Aj keď to robia všetci, ja to nechcem robiť, nechcem zradiť môjho Pána tým, že sa budem prispôsobovať okolitému svetu! Ježiš nikdy nepovedal: „Robte tak, ako robia všetci!", ale hlásal: *„Nasledujte ma!"* A to je úplne iná voľba.

V tomto tajomstve kontemplujme Ježišovo milosrdné srdce, ktoré zraňujú hriechy ľudí. Z tejto rany však vyviera prameň odpustenia pre všetkých, ktorí túžia prísť k nemu. Prosme ho z celého srdca: „Ježišu, si úžasný, si pre mňa všetko! Ty si opravdivá láska, ktorou sa chcem nasýtiť; ty si všetko, po čom v živote túžim! Miluješ ma do krajnosti; nikto ma nebude milovať tak, ako ma ty miluješ! Ty si ma stvoril, vdýchol si do mňa svoj život, ochraňoval si ma a spasil si ma, vylial si za mňa svoju krv. U koho by som našiel pravé šťastie, ak nie u teba, Ježišu? S úprimnou pokorou prijímam tvoje milosrdenstvo a kontemplujem tvoje srdce. Ježišu, urob moje srdce podľa svojho srdca, naplň ho svojím prehojným milosrdenstvom! Veď ty sám si povedal: ,*Blahoslavení milosrdní, lebo oni dosiahnu milosrdenstvo.*'" (Mt 5, 7)

ŠTVRTÉ TAJOMSTVO MILOSRDENSTVA

Ježiš a kajúci lotor

V tomto tajomstve stojíme spolu s Máriou a Jánom pri päte Ježišovho kríža a kontemplujeme nášho Spasiteľa, ktorý prežíva svoje posledné minúty. Je dôležité ďalej kontemplovať Ježiša; to je ten najlepší postoj za každých okolností. Ježiš vydáva svoj život kvapku po kvapke v strašných bolestiach. Pravé rameno má celkom vykĺbené po tom, ako mu ho kati vystreli — jeho ruka totiž musela dosiahnuť až po dieru, ktorú vopred urobili do dreva — a kožu má prebodnutú klincami a tŕňovou korunou. Spolu s ním sú ukrižovaní ďalší dvaja muži — zločinci. Jeden z nich sa mu rúha, búri sa a neprijíma svoj osud. Útočí na Ježiša slovami: *„Nie si ty Mesiáš?! Zachráň seba i nás!"* (Lk 23, 39) Zrejme očakáva ozajstný zázrak, ktorý by všetkých troch vyslobodil z kríža!

Druhý lotor má však celkom iný postoj; bez toho, že by o tom vedel, pôsobí ako balzam na Ježišovo srdce a poskytuje mu poslednú útechu. Ako? Aj tento muž je zločinec, lotor, ktorý má na svedomí celý rad lúpeží a vrážd; istotne nie je žiadny anjel, lebo na to, aby dostal trest ukrižovaním, musel mať toho veľa na rováši. Napriek svojmu hriešnemu životu sa však obráti k Ježišovi a pozrie sa na neho. Stretnú sa im pohľady. Ježišov pohľad pôsobí majestátne aj navzdory mukám kríža a lotrovi pomaly dochádza, že Ježiš je ktosi výnimočný: je to Boží Syn, Kráľ Izraela!

Napriek jeho hriechu je srdce tohto zločinca otvorené dobru a milosti. Ježišov pohľad v ňom spôsobil akési prebudenie svedomia a teraz už je zmenený. S blížiacou sa smrťou sa odpútava od zla, ktoré v ňom sídli, a zahriakne druhého lotra: *„Ani ty sa nebojíš Boha, hoci si odsúdený na to isté? Lenže my spravodlivo, lebo dostávame, čo sme si skutkami zaslúžili. Ale on neurobil nič zlé."* (Lk 23, 40-41) Tento zločinec sa zrazu stáva Ježišovým zástancom: je jediný, kto sa slovami zastal Ježiša počas jeho umučenia! Pre nášho Spasiteľa je to nesmierna útecha. Ježiš práve obetuje svoj život za hriešnikov, čiže za mňa, za teba, za nás všetkých, a koho má po svojom boku? Hriešnika, ktorému môže hneď darovať svoju spásu! V tomto kajúcom lotrovi vidí okamžité ovocie svojho umučenia. Isteže, je to srdce hriešnika, no tento hriešnik neváha prosiť Boha o pomoc. Tým, že si priznal zlo, ktoré napáchal, sa otvára milosrdenstvu.

Len čo Ježiš počuje jeho pokorné a úprimné slová: *„Ježišu, spomeň si na mňa, keď prídeš do svojho kráľovstva,"* plný radosti a obdivu mu dáva kľúče od nebeského kráľovstva: *„Veru, hovorím ti: Dnes budeš so mnou v raji."* (Lk 23, 42-43) A tak z tohto lotra urobil prvého svätca, svätorečeného samotným Ježišom, bez ohľadu na jeho strašnú minulosť! Cirkev ho dnes uctieva pod menom svätý Dismas. To je úžasné! Ježiš je nesmierne rád, že našiel hriešnika, ktorý prijíma jeho obetu, prijíma ovocie jeho umučenia a v pokore sa pred ním skláňa: „Pane, potrebujem ťa, sám to nedokážem. Potrebujem ťa, spomeň si na mňa!"

Uvažujme chvíľu nad touto scénou: pokora tohto muža

rozpútala príval Božieho milosrdenstva. Nezabúdajme na to: pokora hriešnika, ktorý úprimne vyzná svoj hriech a oľutuje ho, okamžite vzbudzuje nesmiernu nežnosť u Boha, ktorý je vždy pripravený zotrieť akýkoľvek hriech, aj ten najťažší. Kajúci lotor sa o tom mohol presvedčiť. Ježišovo srdce je ako rozpálená pec, v ktorej hriechy zhoria a nič po nich nezostane. Ak si Cirkev pripomína svätého Dismasa ako prvého svätca, ktorého svätorečil sám Ježiš na kríži, robí tak preto, aby dala nám všetkým, najmä tým, ktorí spáchali tie najstrašnejšie hriechy, úplnú dôveru v nekonečné Božie milosrdenstvo. Svätej Faustíne Ježiš povedal, že „z prameňa milosrdenstva môžu duše čerpať milosti jedine nádobou dôvery." (Denníček § 1602) Keby sme nemali túto dôveru, ako by sme mohli bez strachu prichádzať k nemu a z celého srdca ho prosiť o odpustenie?

Dovoľte mi porozprávať vám skúsenosť jednej mojej drahej priateľky, rehoľnej sestry žijúcej v New Yorku, kde sa nachádza najprísnejšia väznica v celých Spojených štátoch. Trest si tam odpykávajú tí najhorší zločinci, ktorí spáchali najukrutnejšie zločiny. Títo muži veľmi trpia, lebo sú do konca života zavretí v úzkych celách, ktoré sa skôr podobajú králičím klietkam, prázdnym a bez svetla... Sú na smrť unudení a za ten dlhý čas sa im v mysli vynárajú všetky možné čierne myšlienky. Je to ako peklo, z ktorého jediným východiskom je smrť!

Táto sestra sa nebojí, chodí ich navštevovať, aby im priniesla trochu útechy s pomocou anjelov a vyzbrojená výlučne Božím slovom a jeho milosrdenstvom. Keď ju väzni vo svojich malých zamrežovaných celách zbadajú, vykríknu: „Čo privádza túto úbohú sestru do tohto pekla?!"

Jedného dňa, keď sa rozprávala s istým väzňom, ktorý si matne spomínal na základy kresťanskej náuky, ktorú dostal v detstve, povedala tomuto mužovi: „Vieš, ešte stále môžeš získať Ježišovo milosrdenstvo, pre neho veľa znamenáš! Ježiš ťa miluje, volá ťa a čaká na teba, aby ti mohol odpustiť! Neváhaj a choď k nemu!" Väzňa to šokovalo: „Ty sa mi vysmievaš?! Čo mi to tu rozprávaš?! Ja že môžem byť ešte spasený? A že nepôjdem do pekla?" „Nepôjdeš," odpovedala. „Ak z celého srdca poprosíš Ježiša o odpustenie, on ti veľmi rád odpustí a budeš môcť ísť do neba." „Ja že môžem prísť do neba, žartuješ?" odpovedal väzeň. „To je vylúčené, ty nevieš, čo všetko som napáchal!" Ona však trvala na svojom: „Ver mi, Ježiš ťa miluje takého, aký si, a chce zahladiť všetky tvoje hriechy. Stačí len, ak sa k nemu obrátiš so slovami: ‚Pane, odpusť mi!' To je všetko." Nato muž vykríkol: „To je neuveriteľné!" Keď sa návšteva skončila, sestra sa pobrala k východu, no ako kráčala špinavou chodbou, začula tohto väzňa, ako volá na svojho spoluväzňa vo vedľajšej cele: „Mo! Mo! Vieš, čo mi tá sestra povedala? Že ešte môžem prísť do neba! Chápeš, ešte stále môžem prísť do neba!" Výskal od radosti a jeho hlas sa rozliehal po celej väznici. Pochopil, že ešte môže byť spasený — on, strašný zločinec, — a že je to také jednoduché: stačí úprimne poprosiť Ježiša o odpustenie! Mal chuť túto dobrú správu vykričať do celého sveta!

„Aj keby hriechy duše boli čierne ako noc, ak sa hriešnik obráti k môjmu milosrdenstvu, vzdáva mi najväčšiu slávu a je cťou môjho umučenia." (Denníček § 378)

Keby sme si uvedomili nádheru Ježišovho srdca a nekonečnú hĺbku jeho milosrdenstva, slepo by sme sa vrhli do jeho náruče. Tá hĺbka je nesmierna, tak čoho sa bojíme? Čo nám v tom bráni? Je to náš nedostatok dôvery v jeho milosrdenstvo! Ježiš povedal sestre Faustíne: „Nedôvera duší mi ide roztrhnúť vnútro. Ešte viac ma bolí nedôvera vyvolenej

duše. Napriek mojej nevyčerpateľnej láske mi nedôverujú."
(DENNÍČEK § 50)

Čo nám však našepkáva Zlý? „Je príliš neskoro, už si toho napáchal priveľa. Nerob si žiadne ilúzie; hádam si nemyslíš, že Boh bude na teba brať ohľad! Nemáš žiadnu šancu, zbytočne to budeš skúšať, len ho vyprovokuješ k ešte väčšiemu hnevu!" Veľa hriešnikov sa nechá oklamať týmito jedovatými myšlienkami; niektorí nechcú prijať kňaza dokonca ani na smrteľnej posteli. Nikdy nezabúdajme, že Zlý žiarli na to, že kým sme na zemi, stále máme možnosť sa obrátiť a vrátiť sa k Ježišovmu rozpálenému srdcu. Satan nenávidí milosrdenstvo, lebo mu vytrháva duše, ktoré sa mu podarilo zviesť. Dokáže mu ich ukradnúť aj z tých najšpinavších brlohov. Boh nám chce vždy dať druhú šancu, ponúka nám novú príležitosť hoc aj stokrát za deň a nezastaví sa pred naším zúboženým stavom... Boh je veľkorysý!

Drahí priatelia, pri modlitbe tohto desiatku upriamme svoj zrak na Ježišov pohľad, aby nás mohol zaplaviť rovnakou láskou a milosrdenstvom ako kajúceho lotra. Zanechajme všetky pocity viny a sebaodsudzovanie. Pristúpme bez obáv k tejto rieke lásky, ktorá osviežuje dušu, očisťuje nás a premieňa nás, prináša nám pokoj, vyrovnanosť a radosť. Teraz máme príležitosť hľadieť na Ježiša, tak sa z celého srdca usilujme urobiť mu rovnakú radosť ako ten kajúci lotor na kríži.

PIATE TAJOMSTVO MILOSRDENSTVA

Peter zapiera Ježiša

Dostali sme sa k piatemu tajomstvu milosrdenstva. Tieto tajomstvá som chcela zakončiť nádherným príbehom (Lk 22, 54n.). Zajatý Ježiš hľadí na Petra, ktorý ho trikrát zaprel. Hlavnými postavami sú tu Ježiš, Peter, niekoľko sluhov a kohút. V tých časoch bol kohút pre Židov veľmi dôležitý, pretože ohlasoval koniec noci a začiatok nového dňa. V tomto príbehu evanjelia kohút symbolizuje prechod z temnoty ľudskej biedy na svetlo Božieho milosrdenstva.

Vo večeradle Ježiš predpovedal svoj blížiaci sa koniec a tiež to, ako bude zradený. Máme určité sympatie k Petrovi, ktorý nám je veľmi podobný, keď s presvedčením vyhlásil: *„Aj keby som mal umrieť s tebou, nezapriem ťa."* (Mt 26, 35) Na Petrovu obranu však nezabúdajme, že pri poslednej večeri to isté tvrdili všetci učeníci!

Peter si bol istý, že Ježiša miluje, a bola to pravda — skutočne ho veľmi miloval, no neuvedomoval si svoju úbohosť a obmedzenosť. Petrova láska k Ježišovi bola ešte veľmi ľudská, a preto obmedzená a zištná. Peter bol určite dojatý Ježišovou nežnosťou a jedinečným spôsobom, akým ich viedol ako dobrý pastier, pričom s nimi neváhal zdieľať ani tie najvšednejšie detaily ich každodenného života. Peter si cenil poklady, ktoré od Pána dostával, a miloval ho preto, lebo bol vplyvný, mocný a fascinujúci. Ježiš totiž dokázal hovoriť k zástupom tak ako nikto iný, vedel zapchať ústa neprajníkom, konal nadprirodzené znamenia a divy, urobil množstvo zázrakov — bol to naozaj úžasný muž! Peter bol hrdý na to, že ho môže nasledovať a patriť do jeho klanu a že samotný Ježiš ho ustanovil za vodcu učeníkov.

Nadišla však hodina skúšky a Ježiš sa svojmu apoštolovi javí v úplne inom svetle. V Getsemanskej záhrade vidí Peter svojho hrdinu so zakrvavenou tvárou, vyslabnutého, a čo je najhoršie: Ježiš nekladie žiadny odpor Judášovej skupine, ktorá ho prišla zajať. Správa sa ako úbožiak, ktorému nasadzujú putá. Peter je z toho otrasený, ničomu nerozumie, čo sa vlastne deje? V tejto dramatickej situácii predsa len prejaví veľkú odvahu, lebo sa vydá za Ježišom, aby aspoň z diaľky mohol sledovať, čo sa s ním bude diať, zatiaľ čo všetci ostatní učeníci sa hneď rozutekali.

Peter vojde do Kajfášovho nádvoria a podíde k ohňu, lebo noc je chladná. Jeruzalem leží v nadmorskej výške 800 metrov a ešte je len začiatok apríla. Okolo ohňa ho ktosi spozná a vykríkne: *„Tento bol s Ježišom Nazaretským!"* (Mt 26, 71-72) Peter však zapiera: *„Nepoznám toho človeka."* Potom ktosi ďalší vyhlási to isté a Peter znova zapiera. Medzi druhým a tretím zapretím ubehne hodina. Jedna hodina? Pripadá nám to ako celá večnosť, keď zaprieme toho, kto sa stal stredobodom nášho života! Počas tejto hodiny Peter trpí; všetko stratil, všetko pokazil a utápa sa vo vlastnej biede. Zlý nestráca čas, využije jeho slabosť, chlad a strach, aby vodcu apoštolov naviedol na hriech. Kam sa podel ten vznešený sľub, že Ježiša nikdy neopustí? Ako je možné, že tento robustný a nebojácny muž stratil odvahu?

Peter si ešte neuvedomil extrémnu hĺbku svojej biedy. Bol presvedčený, že miluje Ježiša svojimi vlastnými silami, svojimi vlastnými schopnosťami. Teraz sa cíti beznádejne, lebo nemal odvahu povedať: „Áno, poznám ho, som jeden z jeho učeníkov." Jeho krásny sen sa zrútil; v priebehu jednej hodiny sa rozplynuli celé tri roky, ktoré strávil s Ježišom. Takže ho zaprie aj tretíkrát. Len čo to dopovie, zaspieva kohút. To je signál, ktorý Ježiš pripravil, aby pozdvihol svojho apoštola Petra z hĺbky jeho biedy; kohút poslúchol Pána a zaspieval! Vtedy sa Peter rozpamätá na slová, ktoré mu Ježiš povedal pri poslednej večeri: *„Veru, hovorím ti: Tejto noci skôr, ako kohút zaspieva, tri razy ma zaprieš."* (Mt 26, 34) A práve v tej chvíli Ježiš upriami pohľad na Petra. Je to ten nádherný okamih, kedy sa pohľad Spasiteľa stretáva s pohľadom hriešnika — toho, ktorý ho zaprel. Môj Bože! Toto je tá chvíľa, kedy Peter znovu nachádza toho Ježiša, ktorého pozná, svojho Učiteľa, Majstra, Proroka, stelesnenú lásku, milosrdenstvo... Srdce mu prenikne jeho pohľad plný lásky, milosrdenstva, súcitu a nežnosti. Ihneď vybehne z toho tmavého nádvoria a horko sa rozplače. Peter miluje Ježiša a plače nad tým, že prebodol srdce toho, koho miluje.

Odteraz už Peter nikdy nebude taký, ako predtým. Uvedomuje si svoju úbohosť, obmedzenosť svojej lásky aj svoje vystatovanie, ktorým zakrýval nedostatok odvahy: už sa viac nespoznáva. Myslel si, že je silný a že si ho Ježiš vyvolil pre jeho schopnosti vodcu, ktorý z vnuknutia Ducha Svätého vyhlásil: *„Ty si Mesiáš"*, skrátka, že je muž, na ktorého sa Ježiš mohol spoľahnúť. Teraz je však zlomený, prázdny, zdeptaný v hĺbke svojej duše... Všetko pokazil! No práve vo chvíli, keď si uvedomuje svoju úbohosť po tom, ako Ježiša trikrát zaprel, Ježiš mu tichým pohľadom bez najmenšej výčitky prejavuje svoje nesmierne milosrdenstvo. Toto je jedinečný okamih v dejinách spásy, keď sa bieda prvého pápeža stáva odrazovým mostíkom pre úplne iný rozmer lásky. Áno, odteraz bude Peter milovať Ježiša s pokorou, tak ako nikdy predtým. Peter plače z lásky a nie zo zúfalstva. Začína sa preňho nový život, lebo odteraz bude nasledovať svojho Učiteľa s dôverou malého dieťaťa, spoliehajúc sa výlučne na Božiu milosť a nie na vlastné sily.

Od tej chvíle, keď sa im stretli pohľady, sa z Petra stáva svätý Peter, pretože skladá všetku svoju biedu do Ježišovho srdca a cíti sa ospravedlnený a milovaný aj vo svojej úbohosti. Stáva sa svätým Petrom, puknutou skalou, na ktorej Ježiš postaví svoju Cirkev — áno, je puknutou skalou, ktorá si uvedomuje svoju puklinu. Ježiš nechce postaviť svoju Cirkev na zdanlivej ľudskej sile, ale na svojom milosrdenstve. Drahí priatelia, my všetci máme pukliny, sme hriešni, ale máme pri sebe Ježiša. On nás neopustí ani nás nezavrhne v skúške pravdy; on je náš Spasiteľ, ktorý pozná našu biedu a chce si ju prisvojiť, aby ju premenil na Božiu lásku.

Keď sa Ježiš zjavil sestre Faustíne, bola už veľmi blízko pri Bohu a dosiahla vysoký stupeň svätosti. Jedného dňa jej však Ježiš povedal: „Dcéra moja, neobetovala si mi to, čo je skutočne tvoje." Svätú Faustínu to prekvapilo a rozmýšľala, čo mu ešte neobetovala, pretože úprimne verila, že už mu obetovala všetko: svoj život, mladosť, zdravie, svoj skromný majetok... Ježiš jej však vysvetlil: „Dcéra, daj mi svoju úbohosť, lebo ona je výhradne tvoja." (Denníček § 1318) Takúto odpoveď naozaj nečakala! Vari nemáme dať Bohu to najlepšie, čo máme? Načo by bol Bohu taký nehodný dar? Faustína bola presvedčená o tom, že Ježišovi máme obetovať iba pekné veci, obety, rôzne sebazaprenia, modlitby, chvály, skutky milosrdenstva, a nie to, čo je úbohé, žalostné a páchnuce.

Práve toto však Ježiš chce, aby sme mu odovzdali; potrebuje našu úbohosť ako surovinu, ktorú môže premeniť na Božie milosrdenstvo a lásku. Pokladov je plné nebo, ale Ježiš od nás chce, aby sme mu dali to jediné, čo je naozaj naše.

Ako môžeme Bohu odovzdať našu úbohosť? No predsa pri spovedi! Keď sa spovedáme, odovzdávame Ježišovi všetky naše obmedzenia, zlyhania a Ježiš tam na nás čaká, aby sa náš pohľad stretol s jeho pohľadom plným nesmierneho súcitu, tak ako sa tej noci pozrel na Petra.

„Drahé deti, prosím vás, odovzdajte Pánovi celú svoju minulosť: všetko zlo, ktoré sa nahromadilo vo vašich srdciach! Želám si, aby každý z vás bol šťastný, avšak s hriechom to nikto nemôže dosiahnuť. Preto, drahé deti, modlite sa a v modlitbe spoznáte túto novú cestu radosti. Radosť sa prejaví vo vašich srdciach, a tak sa stanete radostnými svedkami toho, čo si od každého z vás želáme ja a môj Syn." (25. FEBRUÁR 1987)

Keď Ježiš vstal z mŕtvych, nepovedal Petrovi: „Počuj, Peter, mám ťa veľmi rád a vyvolil som si ťa za vodcu apoštolov, ale trikrát si ma pred všetkými zaprel, tak som si to rozmyslel a vyberiem si radšej Jána. Aj on bol vtedy v Kajfášovom nádvorí, a nezaprel ma. On dokonca stál aj pod krížom. Takže chápeš, že musím zmeniť svoju voľbu." Nie, Boh nikdy neoľutoval, pre čo sa rozhodol, Božie dary sú neodvolateľné a Peter sa po týchto udalostiach stal ešte lepším vodcom. Keď si uvedomil svoju vlastnú biedu, dokázal pochopiť biedu všetkých ľudí, biedu celej Cirkvi, a nehľadí povýšenecky na škandalózne správanie niektorých kňazov, ktorí sa stali otrokmi hriechu. Teraz už má pochopenie, lebo aj on sám sa zachoval škandalózne.

Rozdiel medzi Petrom a Judášom nie je v tom, aký hriech spáchali, lebo zaprenie aj zrada sú ťažké hriechy; rozdiel je v tom, že Judášov pohľad sa nestretol s pohľadom Ježiša. Keď zradil svojho Učiteľa na Olivovej hore, Ježiš sa naňho pozrel, Judáš ho pobozkal na ústa, jeho pozornosť však bola sústredená na jeho podlý plán. Stačilo, aby sa jeho pohľad stretol s pohľadom Ježiša, ktorý bol pripravený všetko mu odpustiť tak, ako odpustil Petrovi. Stačilo jediné slovo, a bol by sa vrátil tak ako Peter — a bol by z neho svätý Judáš!

A čo my? Keď zhrešíme a spáchame ten istý hriech hoc aj stokrát, nikdy sa nesústreďme na vlastnú úbohosť, lebo Zlý to využije a bude nám nahovárať: „Vidíš dobre, že to nedokážeš, si ten najposlednejší z posledných; čo robíš dnes so všetkými milosťami, ktoré si od Ježiša dostal? Ty už nemáš žiadnu šancu, zbytočne sa budeš snažiť!" Toto je jeho taktika: odradiť nás. Ježiš má však pre nás vždy nejakého „kohúta", ktorý zaspieva uprostred našich nocí, aby nám pripomenul, že vždy stojí pri hriešnikovi a že nikdy nie je neskoro, aby sme sa mu vrhli do náruče.

V tomto desiatku vás opäť pozývam, aby ste upriamili oči svojho srdca na pohľad Ježiša, ktorý je naším útočiskom, našou spásou, našou blaženosťou, naším nebom! Chceme v tom pohľade zotrvať, aby sme s ním boli jedno a mohli sa nasýtiť jeho milosrdenstvom. Takto sa môžeme stať apoštolmi jeho milosrdenstva, nie však našimi vlastnými silami, ale výlučne jeho milosťou a jeho božskou prítomnosťou v nás. Pozdvihnime teraz svoj zrak k Ježišovi! Staňme sa tým, čo kontemplujeme — staňme sa milosrdenstvom!

„Na neho hľaďte a budete žiariť." (Ž 34, 6)

Dodatok

Čo nám hovorí Kráľovná pokoja

„Vaše modlitby ma veľmi dojímajú, najmä váš každodenný ruženec." (25. JANUÁR 1982)

„Každý deň rozjímajte nad mojím a Ježišovým životom v modlitbe ruženca." (8. AUGUST 1982)

„Drahé deti! Všetky modlitby, ktoré sa doma večer modlíte, modlite sa za obrátenie hriešnikov, pretože svet sa nachádza vo veľkom hriechu. Modlite sa každý večer ruženec." (8. OKTÓBER 1984)

„Chcela by som, aby sa ľudia v týchto dňoch modlili so mnou, a to v čo najväčšom počte. Nech sa každý deň modlia aspoň ruženec: radostný, bolestný a slávnostný." (14. AUGUST 1984)

„Ruženec nie je bytová dekorácia, ako si mnohí myslia. Povedzte všetkým, aby sa ho modlili." (18. MAREC 1985)

Keď sa Marija Pavlovičová opýtala: „Aké posolstvo si praješ odovzdať kňazom?", Panna Mária jej povedala: „Pozývam vás, aby ste všetkých povzbudzovali na modlitbu ruženca. S ružencom zvíťazíte nad všetkými neduhmi, ktoré chce teraz satan vniesť do Katolíckej cirkvi. Kňazi, všetci sa modlite ruženec! Zasväťte čas modlitbe ruženca!" (25. JÚN 1985)

„Drahé deti, oblečte sa do zbroje a s ružencom v ruke nad satanom zvíťazíte. Ďakujem vám, že ste prijali moje pozvanie."
(8. AUGUST 1985)

„Drahé deti! Dnes vás pozývam, aby ste sa začali so živou vierou modlievať ruženec. Potom vám budem môcť pomáhať. (...) Drahé deti, pozývam vás, aby ste sa modlievali ruženec a aby sa vám ruženec stal záväzkom, ktorý budete vykonávať s radosťou. Potom pochopíte, prečo som tak dlho s vami. Chcem vás naučiť modliť sa."
(12. JÚN 1986)

„Modlite sa! Ruženec majte stále v rukách ako znamenie proti satanovi, že patríte mne." (25. FEBRUÁR 1988)

„Vezmite si ruženec a modlite sa spolu so svojimi deťmi a celou svojou rodinou. Toto je cesta, ktorá vás spasí. Dávajte dobrý príklad svojim deťom." (2. FEBRUÁR 1990)

„Drahá mládež, satan je silný a urobí všetko, aby vás vyrušoval a hatil každú vašu iniciatívu. Preto sa modlite ešte viac, lebo to nesmierne potrebujete v týchto posledných časoch. Najúčinnejšou zbraňou proti satanovi je ruženec." (1. AUGUST 1990)

„Boh ma poslal medzi vás, aby som vám pomohla. Keď chcete, zoberte si ruženec. Už samotný ruženec môže urobiť zázraky vo svete i vo vašom živote." (25. JANUÁR 1991)

„Drahé deti, nikdy som nepotrebovala vaše modlitby tak veľmi ako teraz. Viac než kedykoľvek predtým vás prosím, aby ste zobrali do rúk ruženec. Uchopte ho zo všetkých síl."
(18. MAREC 1992)

„Drahé deti, pozývam vás, aby ste sa vo svojich rodinách alebo v spoločenstvách modlili pred krížom slávnostný ruženec na moje úmysly." (9. SEPTEMBER 1995)

„Pozývam všetkých kňazov, rehoľníkov a rehoľníčky, aby sa modlili ruženec a učili ho modliť sa ostatných. Milé deti, ruženec mám zvlášť rada. Prostredníctvom ruženca mi otvorte svoje srdce, aby som vám mohla pomôcť."
(25. AUGUST 1997)

„Keď ste unavení a chorí, a keď nevidíte zmysel vášho života, vezmite si ruženec a modlite sa, modlite sa, až kým sa vám modlitba nestane radostným stretnutím s vaším Spasiteľom."
(25. APRÍL 2001)

„Proste, aby ste mohli byť apoštolmi Božieho svetla v tomto čase tmy a beznádeje. Toto je čas vašej skúšky. S ružencom v ruke a láskou v srdci poďte so mnou. Vediem vás ku Vzkrieseniu v mojom Synovi." (2. MAREC 2012)

„Vaše modlitby, ktoré mi venujete, sú pre mňa najkrajšími ružami lásky. Nemôžem nebyť tam, kde cítim vôňu ruží."
(2. FEBRUÁR 2017)

„A mne, deti moje, venujte ruženec, ruže, ktoré tak veľmi milujem. Moje ruže sú vaše modlitby vyslovené srdcom a nie iba odrecitované ústami. Moje ruže sú vaše skutky modlitby, viery a lásky. Keď bol môj Syn malý, hovoril mi, že mojich detí bude veľa a že mi budú prinášať mnoho ruží. Nechápala som ho. Teraz viem, že vy ste tie deti, ktoré mi prinášajú ruže, keď nadovšetko milujete môjho Syna, keď sa modlíte srdcom, keď pomáhate najchudobnejším. To sú moje ruže." (2. DECEMBER 2017)

„Najkrajšia vec je vidieť človeka na kolenách s ružencom v ruke, pretože zrnká ruženca sú mocnejšia zbraň než atómová bomba." (POSOLSTVO DANÉ JELENINEJ MODLITEBNEJ SKUPINE)

V lete v roku 1916 Anjel pokoja pokarhal troch fatimských pastierikov za to, že sa ponáhľali s modlitbou Zdravas, aby sa mohli ísť hrať: „Čo robíte? Modlite sa, veľa sa modlite!" Potom 13. mája 1917 sa im zjavila Panna Mária, Kráľovná posvätného ruženca, a povedala im: „Každý deň sa modlite ruženec za mier vo svete a za ukončenie vojny!"

Čo nám hovoria svätí

PÁTER PIO Z PIETRELCINY. Svätý kapucínsky kňaz z Pietrelciny sa neprestajne modlil ruženec, držiac ho v ruke ako mocnú zbraň, pomocou ktorej dosiahol všetko, ako mu prisľúbila Panna Mária. Páter Pio hovorieval: „Modlite sa ruženec, modlite sa ho stále, čo najviac." „Ruženec je moja najobľúbenejšia modlitba. Je to zázračná modlitba! Je zázračne jednoduchá a zároveň hlboká." Takto páter Pio definoval ruženec. Tento kapucínsky kňaz objavil skutočnú hodnotu ruženca po tom, čo sa ich pomodlil stovky. Keď sa ho niekto spýtal, prečo sa každý deň modlí toľko ružencov, jeho odpoveď znela: „Ak ho Panna Mária zakaždým tak veľmi odporúčala všade, kde sa zjavila, nemyslíš, že má na to pádny dôvod?" Pri inej príležitosti zase rozprával, ako raz z okna otočeného do dvora videl námestie plné nepriateľov, ktorí kričali: „Na smrť! Na smrť!" Poprosil o pomoc Pannu Máriu a ona mu dala do rúk ruženec, aby sa ním zahnal ako zbraňou. Ukázal sa teda v okne s ružencom v ruke a videl, ako všetci jeho nepriatelia popadali mŕtvi na zem.

Páter Pio vstával už o jednej v noci, aby sa pripravil na slávenie svätej omše: modlil sa liturgiu hodín a veľa ružencov. Až do 03:50 nechal Pannu Máriu, aby ho pripravovala, a z jeho zápiskov vieme, že Matka Božia ho s nekonečnou materinskou nežnosťou osobne sprevádzala k oltáru.

Jedného dňa mu ktosi povedal: „Otče, niektorí hovoria, že

ruženec je prežitok, a preto sa ho v mnohých farnostiach už nemodlia." Páter Pio na to hneď zareagoval: „Satan sa snaží túto modlitbu zničiť, ale nikdy sa mu to nepodarí. Je to totiž modlitba tej, ktorá víťazí nad všetkým a nad všetkými. Ona nás ju naučila, tak ako nás Ježiš naučil modlitbu *Otče náš*."

Raz večer povedal svojmu spolubratovi, ktorý mu pomáhal uložiť sa do postele: „Brat môj, skôr než odídeš, podaj mi zbraň, ktorú mám v habite." Mladého spolubrata to prekvapilo a išiel sa pozrieť, či má páter Pio vo vreckách habitu nejakú zbraň. „Len poriadne hľadaj, určite tam je!" trval na svojom páter Pio. Jeho spolubrat mu nechcel protirečiť, a tak znova prehľadal vrecká habitu a povedal: „Otče, žiadnu zbraň som nenašiel; máte tu len ruženec." Na to mu páter Pio odvetil: „Presne tak. Vari ruženec nie je zbraň?"

SESTRA LUCIA Z FATIMY. V roku 1957 sestra Lucia napísala otcovi Fuentesovi: „V týchto posledných časoch, v ktorých žijeme, chcela Panna Mária obnoviť účinok posvätného ruženca. Urobila ho takým mocným, že nejestvuje nijaký problém — či už materiálny, ale najmä duchovný — v našom osobnom živote alebo v našich rodinách, v rodinách po celom svete, v rehoľných spoločenstvách, či dokonca v dejinách národov, ktorý by ruženec nedokázal vyriešiť. Opakujem: nijaký problém, nech by bol akokoľvek ťažký, nemôže odolať modlitbe posvätného ruženca. Ruženec je našou záchranou, je naším posvätením, ním prinášame útechu nášmu Pánovi a ním získame spásu pre mnohé duše."

V roku 1970 sestra Lucia napísala jednej zo svojich spolusestier:

„Ruženec je modlitba chudobných aj bohatých, vzdelaných aj nevzdelaných. Ruženec udržiava ten plamienok viery, ktorý vo svedomí mnohých ľudí ešte celkom nevyhasol. Dokonca aj u tých duší, ktoré ho odriekajú bez rozjímania, už samotné gesto, keď berú do rúk ruženec, aby sa ho pomodlili, znamená, že pamätajú na Boha, pamätajú na nadprirodzeno. Už samotná spomienka na tajomstvá každého desiatku udržiava ten knôtik v ich dušiach zapálený. Preto diabol zvádza s ružencom taký neľútostný boj! Najhoršie na tom je, že sa mu podarilo zviesť a odkloniť tak veľa duší, ktoré majú zodpovednosť... To sú tí slepí vodcovia slepých."

V októbri 2001 sestra Lucia napísala všetkým mariánskym spoločenstvám na svete tieto slová:

„Panna Mária nás žiada, aby sme sa modlili ruženec s ešte väčšou vierou a horlivosťou a rozjímali nad radostnými, bolestnými a slávnostnými tajomstvami jej Syna, ktorý ju chcel spojiť s tajomstvom vykúpenia, ktoré je našou spásou... Keď sa modlíte ruženec, pripájajú sa k vám anjeli a svätí. Preto vám kladiem na srdce, aby ste sa ho modlili v hlbokej sústredenosti a vo viere, a s posvätnou úctou rozjímali nad zmyslom jednotlivých tajomstiev... Modlite sa ho v súkromí alebo v spoločenstve, doma alebo vonku, v kostole alebo na ulici, s pokorným srdcom, nasledujúc krok za krokom cestu Panny Márie a jej Syna. Modlite sa ho vždy so živou vierou za novonarodené deti, za trpiacich, pracujúcich a umierajúcich. Modlite sa ho zjednotení so všetkými spravodlivými na svete a so všetkými mariánskymi spoločenstvami, ale najmä s prostotou maličkých, ktorých hlas je sprevádzaný hlasom anjelov. Svet nikdy tak veľmi nepotreboval vašu modlitbu ruženca ako práve dnes... Jediná modlitba ruženca veľakrát utíšila hnev Božej spravodlivosti a dosiahla milosrdenstvo pre svet a spásu mnohých duší."

A tiež:

„Úpadok sveta je nepochybne dôsledkom úpadku ducha modlitby. Keďže Panna Mária už vopred videla tento úpadok, veľmi zdôrazňovala potrebu modlitby ruženca... Ruženec je tá najmocnejšia zbraň, akú máme, aby sme sa ubránili v boji."

SVÄTÝ JÁN BOSCO. Najväčší vychovávateľ mládeže pokladal ruženec za základný nástroj svojej pedagogickej metódy. Jedného dňa za ním do oratória prišiel markíz Roberto d'Azeglio, ktorý veľmi obdivoval dielo don Bosca, ale kritizoval modlitbu ruženca, ktorá bola podľa neho zbytočná a nudná a navrhoval ju preto zrušiť. Don Bosco mu láskavo, no zároveň rázne odvetil:

„Mne na tejto praktike obzvlášť záleží, dokonca by som povedal, že je základom celej mojej výchovy. Som ochotný vzdať sa mnohých iných dôležitých vecí, ale tejto nie!"

Dokonca aj sny ho povzbudzovali k tomu, aby pestoval vo svojich chlapcoch lásku k ružencu. Zvlášť jedna udalosť, ktorá sa odohrala v predvečer sviatku Nanebovzatia Panny Márie v roku 1862, nám ukazuje, akú má ruženec veľkú moc.

Don Boscovi, ktorého Boh často usmerňoval prostredníctvom snov, sa snívalo, že bol u svojho brata v rodnej dedine aj so všetkými svojimi zverencami. Tu sa mu zjavil jeho sprievodca snov, zaviedol ho na lúku vedľa dvora a tam mu ukázal obrovského hada, ktorý bol dlhý sedem alebo osem metrov. Don Bosco sa naľakal a chcel utiecť. Sprievodca ho však zadržal a povedal mu, aby sa nebál. Potom išiel po povraz a keď sa vrátil, podal ho don Boscovi so slovami: „Chyť tento povraz za jeden koniec a pevne ho drž, ja chytím druhý koniec, a tak zavesíme hada na povraz." „A potom?" „Potom ho budeme udierať povrazom po chrbte." „Ach! Len to nie! Beda nám, ak to urobíme. Rozhnevaný had sa vrhne na nás a roztrhá nás na kusy!" Sprievodca však naňho naliehal a ubezpečil ho, že had mu nijako neublíži. Don Bosco teda súhlasil, že urobí, čo od neho žiada. Nato sprievodca zdvihol povraz a udrel ním hada po chrbte. Had sa obrátil a chcel pohrýzť tých, čo ho udierali, zostal však uväznený v slučke. „Drž pevne, nepúšťaj povraz!" zakričal sprievodca a bežal k neďalekej hruške, o ktorú priviazal koniec povrazu. Potom vzal druhý koniec, ktorý držal don Bosco, a uviazal ho na mrežu okna jeho domu. Had sa vzpieral a tak sa zúrivo hádzal, že svoje telo úplne rozdriapal a kusy mäsa lietali všade naokolo. Ostala z neho iba kostra. Keď had dokonal, sprievodca odviazal povraz od hrušky i od okna, stočil ho do klbka a vložil ho do skrinky, zavrel ju a po chvíli ju znova otvoril. Medzitým sa k nim zbehli chlapci. Pozreli sa do skrinky a všetci užasli. Povraz sa zvinul tak, že vytvoril slová *Ave Mária*. Sprievodca im vysvetlil: „Had predstavuje diabla a povraz so slovami *Ave Mária* symbolizuje ruženec, ktorý je súvislou reťazou *Zdravas Mária*, ktorými možno zneškodniť, pobiť a zničiť všetkých diablov pekla."

Krátko nato bol však don Bosco svedkom bolestnej scény: videl, ako chlapci zbierali kusy hadieho mäsa, jedli ho a otrávili sa ním. „Nevedel som sa upokojiť," povedal don Bosco, „pretože nedbali na moje výstrahy a ďalej jedli mäso. Kričal som na toho i onoho, dal som facku jednému, poriadnu ranu druhému. Márne som sa snažil zabrániť im, aby jedli z toho mäsa. Bol som celý bez seba, keď som všade videl plno chlapcov, ktorí bezvládne ležali na zemi." Vtedy sa don Bosco opýtal svojho sprievodcu: „Už sa nedá nijako pomôcť týmto chlapcom?" „Ale áno, dá sa." „Ako?" „Niet inej pomoci ako nákova a kladivo." „Ako? Čo ich mám položiť na nákovu a búchať ich kladivom?" „Presne tak," odvetil sprievodca. „Kladivo je svätá spoveď a nákova je sväté prijímanie. Použi tieto dva nástroje."

SVÄTÝ ĽUDOVÍT MÁRIA GRIGNION Z MONTFORTU, veľký znalec svätého ruženca, nás varuje pred dvomi úskaliami:

„Dávajte si pozor najmä na dve bežné chyby, ktoré robia takmer všetci, čo sa modlia ruženec."

Nezačínajme modlitbu bez toho, aby sme *„mali určitý úmysel, na ktorý sa modlíme."*

„Prvou bežnou chybou je, že ľudia sa modlia ruženec bez toho, aby mali určitý úmyel. Keby ste sa ich spýtali, prečo sa modlia ruženec, nevedeli by vám odpovedať. Preto vždy, keď sa modlíte ruženec, majte na zreteli určitú milosť, o ktorú prosíte, určitú čnosť, ktorú chcete nadobudnúť, alebo určitý hriech, ktorý chcete odstrániť."

Nezačínajme modlitbu bez toho, aby sme sa na chvíľu vnútorne stíšili: *„Nenáhlime sa!"*

„Druhou bežnou chybou pri modlitbe svätého ruženca je, že ľudia hneď od začiatku majú jediný úmysel — čím skôr skončiť. Pramení to z toho, že ruženec vnímajú ako namáhavé bremeno, ktoré ich ťaží, ak sa ho nepomodlia, najmä ak si z neho urobili vec svedomia, alebo ak ho dostali za pokánie proti vlastnej vôli."

„Je žalostné vidieť, ako sa väčšina ľudí modlí ruženec. Modlia sa ho so zarážajúcou náhlivosťou, dokonca prehĺtajú časti slov. Bolo by smiešne takto vyjadrovať uznanie aj tomu najposlednejšiemu človeku, nieto ešte myslieť si, že by sme takto vyjadrili úctu Ježišovi a Márii!... Môžeme sa po tom všetkom ešte čudovať, že tie najposvätnejšie modlitby kresťanskej viery neprinášajú takmer žiadne ovocie a že ani po tisícke či desaťtisícke pomodlených ružencov nie sme o nič svätejší?" *(Obdivuhodné tajomstvo presvätého ruženca,* č. 126-127)

Tento veľký mariánsky svätec tiež hovorieval: „Nikdy som sa nedokázal pomodliť ani jeden *Zdravas* bez roztržitosti!" a „Keď Duch Svätý nájde v duši lásku k Márii, ponáhľa sa k nej!"

SVÄTÝ JÁN MÁRIA VIANNEY mal raz viesť *Duchovné cvičenia* v istej farnosti neďaleko Arsu. Najskôr sa však opýtal miestneho farára, či by bol niekto z jeho farníkov ochotný intenzívne sa modliť. Farár mu odporučil jednu chudobnú žobráčku, ktorá sa vedela modliť iba ruženec. Svätý Ján Mária Vianney podišiel k úbohej žene a poprosil ju, aby sa počas celých duchovných cvičení bez prestania modlila ruženec. Žobráčka ho poslúchla. Misie dopadli veľmi dobre. Mnoho farníkov sa obrátilo a svätý Ján Mária Vianney s radosťou vyhlásil: „To nie je moja zásluha. Je to vďaka Panne Márii, ktorú svojimi ružencami vzývala táto žobráčka."

PÁPEŽ LEV XIII. (1810-1903) predstavuje ruženec ako liek na tri základné neduhy, ktoré sužovali vtedajšiu spoločnosť: 1) averziu voči životu v pokore a počestnosti, ktorú vylieči rozjímanie nad radostnými tajomstvami; 2) strach z utrpenia, ktorý vylieči rozjímanie nad bolestnými tajomstvami; a 3) nezáujem o večnú spásu, ktorý vylieči rozjímanie nad slávnostnými tajomstvami (encyklika *Supremi apostolatus officio*).

SVÄTÁ TERÉZIA OD DIEŤAŤA JEŽIŠ, svätica *malej cesty* a duchovného detstva, nás ubezpečuje, že nech by boli hriechy človeka akokoľvek ťažké, „s ružencom sa dá všetko dosiahnuť. Ruženec je ako veľká reťaz, ktorá spája zem s nebom: jeden koniec máme v našich rukách a druhý koniec je v rukách Panny Márie. Pokiaľ sa budú ľudia modliť ruženec, Boh neopustí svet, lebo jeho srdce nedokáže odolať tejto modlitbe. Láskavá Kráľovná neba nemôže zabudnúť na svoje deti, ktoré jej bez prestania spievajú chvály. Ruženec sa vznáša ako kadidlo k nohám Najmocnejšieho. A Mária nám ho vracia v podobe rosy, ktorá zavlažuje naše srdcia. Žiadna modlitba nie je Bohu milšia ako ruženec!"

SVÄTÝ JOZEF CAFASSO rozprával, ako jedného dňa zavčas rána stretol v uliciach Turína akúsi drobnú starenku pohrúženú v modlitbe. Svätec podišiel k nej a spýtal sa: „Pani zlatá, čo tu robíte takto skoro ráno?" „Vyšla som von vyčistiť ulice," odvetila. Svätec sa nad jej odpoveďou začudoval: „Čo tým chcete povedať?" „Tejto noci tu bol karneval a napáchalo sa mnoho hriechov. Tak sa tu prechádzam a modlím sa ruženec, aby som vyčistila ulice od všetkých tých hriechov."

SVÄTÝ MAXIMILIÁN KOLBE. V denníku tohto veľkého mariánskeho ctiteľa a nášho súčasníka nachádzame jednu výstižnú vetu, akési pravidlo: „Koľko ružencov, toľko spasených duší!"

SVÄTÝ POMPILIUS PIRROTTI bol mimoriadnym ctiteľom ruženca, ktorý sa modlieval za duše v očistci. Prostredníctvom ruženca vstupoval do dôverného priateľstva s dušami v očistci, ktoré mu prejavovali vďačnosť za útechu, ktorú im táto modlitba prinášala. Jeho vzťah s dušami v očistci sa natoľko prehĺbil, že keď sa modlieval ruženec, bolo počuť duše zosnulých, ako odriekajú druhú časť modlitby *Zdravas*.

SVÄTÁ MATKA TEREZA Z KALKATY povedala: „Držte sa ruženca silne ako brečtan stromu, pretože bez Panny Márie sa nedokážeme udržať na nohách."

PÁTER GABRIELE AMORTH bol predsedom Medzinárodnej asociácie exorcistov až do svojej smrti v septembri 2016. Podľa neho „je ruženec pravdepodobne najrozšírenejší exorcizmus na svete." V úvode svojej knihy *Môj ruženec* (vyšla vo vydavateľstve Don Bosco) píše: „Som presvedčený, že ruženec je po svätej omši a liturgii hodín najmocnejšou modlitbou." V tejto svojej poslednej knihe, ktorú napísal ako deväťdesiatročný, sa rozhodol odhaliť zdroj svojej vnútornej sily: bola to práve modlitba ruženca a každodenné rozjímanie nad dvadsiatimi tajomstvami. Táto modlitba ho vždy posilňovala v jeho každodennom boji proti zlu po celé tie roky, kedy pôsobil v rímskej diecéze.

KARDINÁL ERNEST SIMONI. Počas komunistického režimu v Albánsku bol viackrát odsúdený na smrť a vyše dvadsať rokov strávil vo väzení a na nútených prácach v kanáloch. V roku 2017 na Festivale mladých v Medžugorí povedal:

„Každý, kto sa modlí tri ruženca denne, získa nepredstaviteľné zázraky. Zamilujte si preto ruženec a modlite sa ho. Môžem vám zaručiť, že Panna Mária, Kráľovná pokoja, vás naplní mnohými milosťami, a buďte si istí, že dostanete svetlo a pokoj. Všetko, o čo budete prosiť Pannu Máriu, bude predložené Ježišovi a Ježiš vás vyslyší. Chcem o tom vydať svedectvo, priamo tu počas týchto dní. Nebojte sa, ona je s nami a vždy bude ochraňovať svet!"

Svedectvá

KEĎ KRÁĽOVNÁ POSVÄTNÉHO RUŽENCA
PREKONÁ NAŠE OČAKÁVANIA...

Niektoré rehoľné spoločenstvá sú nútené zatvárať svoje domy pre nedostatok nových povolaní — že by to bolo znamenie čias? A čo keby sme našli riešenie? Veľmi jednoduché riešenie... Tu je jeden presvedčivý príklad:

Tento príbeh sa začal v Quite, hlavnom meste Ekvádora, v roku 1984. Tamojší karmelitánsky kláštor *Carmen Alto* bol veľmi chudobný a upadal pre nedostatok nových povolaní. Všetky sestry už boli v pokročilom veku a noviciát bol zrušený. Už veľa rokov totiž nepribúdali žiadne nové povolania. Keď sa priorka Karmelu, matka Mária Helena od Srdca Ježišovho, dopočula o Medžugorí, ožila v nej nádej. Jedného dňa za ňou prišla sestra Luicela, talianska rehoľníčka z komunity svätej Doroty, aby jej oznámila, že sa chystá so skupinou pútnikov do Medžugoria. Matka Mária Helena ju hneď poprosila, aby sa v Medžugorí pomodlila za nové povolania pre ich Karmel a tiež aby išla za jedným z vizionárov, aby zveril tento úmysel Najsvätejšej Panne Márii. Vedela, že je možné napísať list Panne Márii a že počas modlitby Panna Mária dáva do srdca odpoveď (v 80. rokoch niekedy dokonca aj odpovedala na otázky), napísala teda list a zverila ho sestre

Luicele. Koniec koncov, komunita svätej Doroty mala rovnaký problém — chýbali im nové povolania.

Sestre Luicele sa síce nepodarilo stretnúť so žiadnym z vizionárov, ale zúčastnila sa na verejnom zjavení. Keď vizionárka oznámila posolstvo, ktoré jej dala Panna Mária počas zjavenia, sestra Luicela bola v šoku. Posolstvo totiž znelo: „Všetky spoločenstvá, ktoré sa budú každý deň modliť celý ruženec (všetky tri časti) na úmysly môjho Nepoškvrneného Srdca, dosiahnu, že sa osobne o ne postarám a vyberiem pre ne nové povolania."

Sestra Luicela po návrate z Medžugoria odovzdala toto posolstvo priorke Karmelu, ktorá v hĺbke srdca pochopila, že bolo určené priamo jej. Najskôr si kládla otázku, čo to znamená „úmysly môjho Nepoškvrneného Srdca", neskôr však pochopila: „Veď je to jasné! Úmysly Panny Márie sú predsa Božie úmysly!"

Na kapitule priorka Karmelu navrhla sestrám, aby sa každý deň spoločne modlili všetky tri časti ruženca a všetky sestry s nadšením prijali žiadosť Najsvätejšej Panny Márie. Svoj denný rozvrh si upravili a prispôsobili tak, aby doň mohli začleniť túto novinku, a modlili sa ešte aj pri práci. Takto sa u nich začalo obdobie veľkej mariánskej úcty. O niekoľko mesiacov prišlo prvé povolanie sestry Márie od Anjelov a po nej nasledovali ešte mnohé ďalšie. Nových povolaní bolo tak veľa, že v roku 1998 musela priorka založiť druhý kláštor v Ekvádore — Karmel v meste Santo Domingo.

Keď počet sestier prekročil 21, čím sa naplnil limit pre jeden Karmel, museli otvoriť ešte jeden Karmel v Paname. A tak 23. januára 2017 prvé sestry z Karmelu v Santo Domingo prišli do Panamy. Vyše päťsto veriacich, kňazov a sestier sa zúčastnilo na posviacke Karmelu, ktorú viedol titulárny biskup

Mons. Manuel Ochogavia a biskup zo Santo Domingo, Mons. Bertram Wick. Samozrejme, tradícia modliť sa každý deň spoločne všetky tri časti ruženca zostala živá aj v týchto nových Karmeloch!

Toto svedectvo mi porozprávala sestra Mária Lorena z Karmela v Haife počas mojej misie v Galilei v apríli 2017 a dodala: „Ja som jeden z plodov tohto posolstva Panny Márie a tých modlitieb, lebo svoj rehoľný život som začala v Karmeli v Santo Domingo!"

Pred niekoľkými rokmi matka Mária Helena navštívila jeden kláštor klarisiek. Keď si sestry klarisky vypočuli jej svedectvo, rozhodli sa aj ony zaviesť túto modlitbu, aby získali nové povolania podľa posolstva Najsvätejšej Panny Márie. Ani nemusím hovoriť, že už onedlho začali prichádzať prvé novicky!

Teraz už lepšie chápeme, prečo Gospa tak často opakuje: „Drahé deti, pozývam vás, aby ste prežívali moje posolstvá!" V tejto dobe ide o veľa — ide o Cirkev a celý svet. Ak chceme zvíťaziť, nesmieme zanedbať žiadny prostriedok. Kiež by toto zaručené riešenie, ktoré nám Kráľovná posvätného ruženca ponúka, obnovilo nádej jej detí, ktoré sú zarmútené a skľúčené zo svojich problémov! Najsvätejšia Panna Mária nikdy nikoho nesklame!

Ruženec pani Siemenskej

ADAM CHMIELOWSKI bol už ako dvadsaťštyriročný slávnym maliarom. Bol mladý, pekný, bohatý, priebojný a celý svet mu ležal pri nohách. Na konci 19. storočia sa varšavská smotánka trhala o jeho obrazy a jeho úspech bol prísľubom závratnej kariéry. Keďže pochádzal z katolíckej rodiny, bol čestný a úprimný, nechal sa však zlákať praktikami, ktoré boli viac než pochybné, ba až okultné. V určité večery totiž navštevoval svojich varšavských priateľov, ktorí ho pozývali na špiritistické seansy. Uprostred salónu u Siemenských sa nachádzal veľký stôl z ťažkého masívneho dreva s hrubými kovovými nohami. Bol ako stvorený na takéto aktivity, pri ktorých sa vyvolávajú duchovia, a tí odpovedajú naprirodzeným dvíhaním stola, ktorý sa zdá ľahký ako pierko. Adama to fascinovalo.

V odľahlom tmavom kúte miestnosti však ktosi trpel. Bola to pani Siemenská, manželka muža, ktorý viedol seansu. Ako horlivá katolíčka dobre poznala Sväté písmo a vedela, ako veľmi sa takéto činnosti jej manžela protivia Bohu. Vari tam nie je jasne napísané, že je to ohavnosť pred Pánom, živým Bohom '? Napriek tomu však zostala vo svojom kúte a modlila

> *„Keď prídeš do krajiny, ktorú ti dá Pán, tvoj Boh, varuj sa napodobňovať ohavnosti tamojších národov! Nech niet medzi vami nikoho, kto by kázal svojmu synovi alebo dcére prejsť ohňom, aby sa očistili, alebo kto by sa*

sa, dúfajúc, že jej modlitby odvrátia príchod zlých duchov a zabránia im pôsobiť v dušiach týchto poblúdencov. S ružencom v rukách odriekala desiatky a prosila Pannu Máriu, aby zasiahla. Vtom sa však duchovia prejavili v plnej sile! Masívny stôl sa roztočil a začal sa vznášať po salóne. Pani Siemenská to už dlhšie nevydržala a vzplanula hnevom. Náhle vstala, podišla k skupine duchov a od hnevu šmarila svoj ruženec na stôl. Adam vypleštil oči a v nemom úžase sledoval, čo sa bude diať. Roztočený masívny stôl sa pri dopade ruženca ihneď zastavil a rozlomil sa na dva kusy! Adam to neskôr opísal slovami: „V tej chvíli sme počuli akoby výstrel z pištole." Vyľakaní duchovia zažali svetlo a zostali bezmocní. Zavládlo hrobové ticho...

Pre Adama to bol životný šok. Uprene hľadel na malý ruženec ležiaci vedľa stola rozlomeného na kusy, ako drobný kamienok Dávida vedľa nehybného tela Goliáša. Vtedy to pochopil, už mu viac nebolo treba: v tomto boji dobra a zla Panna Mária premohla satana obyčajným ružencom! Jeho život sa odvtedy radikálne zmenil. Zanechal svoje bohatstvo, úspech aj pochybné činnosti vo vyšších kruhoch, svoje umenie presmeroval na maľovanie Kristovej tváre a nakoniec vstúpil do služby chudobným. Zašiel až tak ďaleko, že začal žiť medzi nimi — prespával v špinavých brlohoch varšavských zlodejov a ľudí ponechaných na pospas osudu, aby im ohlasoval

---

vypytoval hádačov, dával pozor na sny a na znamenia; nech niet čarodejníkov, zaklínačov, nikoho, kto by sa radil duchov alebo veštcov, alebo by sa pýtal mŕtvych na pravdu. Všetky tieto veci sa ošklivia Pánovi a pre tieto nešľachetnosti ich vyhubí. Buď dokonalý a bezúhonný pred Pánom, svojím Bohom! Tie národy, ktorých krajinu zaujmeš, počúvajú čarodejníkov a hádačov, ale tebe to Pán, tvoj Boh, nedovolil." (Dt 18, 9-14)

Kristovo evanjelium a urobil z nich jeho učeníkov. Založil rehoľný rád albertínov. Jeho láska k blížnemu, zázraky, súcit s biednymi a jeho bláznovstvo v nasledovaní Krista boli také pozoruhodné, že dosiahol iný druh slávy — Božiu slávu, ktorá pretrvá naveky. Na Vianoce v roku 1916 sa 71-ročný Adam už ako brat Albert vrátil k Otcovi a 12. novembra 1989 ho jeho krajan Ján Pavol II. vyhlásil za svätého.

A čo pani Siemenská? Tá sa istotne až v nebi dozvedela, aké veľké ovocie priniesli jej ruženec a obety utrpenia. Ako mohla v ten deň v tmavom kúte svojho salóna tušiť, že ten slávny priateľ jej manžela, mladý a bravúrny Adam, sa nechá premôcť jej prostými *Zdravas*, šepkanými v skrytosti jej srdca, a že sa z neho stane svätec? Ako mohla dúfať, že na vlastné oči uvidí víťaznú moc Panny Márie nad silami zla?

Rodinné spomienky...

Moja stará mama z matkinej strany sa ešte aj ako storočná každý deň modlievala ruženca. Raz večer, keď som sa ho modlila spolu s ňou, sa mi zverila: „Vieš, moja drahá, tie moje modlitby (ruženec) sa pomodlím. Ale musím sa ti priznať, že som rada, keď to mám za sebou! Ja nemám takú radosť z modlitby ako vy, *moje Maillardčiadka* (tak nás totiž volala). A to ma trápi! Mala by som mať predsa radosť z modlitby, veď Boh je dobrý!" Upokojila som ju a sľúbila som jej, že sa za ňu budem v Medžugorí modliť, aby zakúsila radosť z modlitby. Aj ona sama si mala vyprosovať túto milosť u Panny Márie.

O niekoľko mesiacov som ju prišla znova navštíviť a spýtala som sa jej na modlitbu ruženca. Vtedy mi celá nadšená povedala: „Vidíš, moja drahá, prišlo to! Oplatilo sa čakať sto rokov, aby som dostala túto milosť!" Stačilo, aby sme sa spojili v modlitbe a poprosili Pannu Máriu o túto láskavosť... Aj keď má človek sto rokov, nikdy nie je neskoro!

Počas druhej svetovej vojny môjho otca zajali za jeho činnosť v protifašistickom odboji. Tri roky strávil ako zajatec v koncentračných táboroch v Nemecku a spolu s ním aj celá jeho odbojová bunka, dokopy desať mužov. Ako veľký ctiteľ Panny Márie sa veľa modlil ruženec. Jeho mama, ktorej bol jediným synom, nemala o ňom žiadne správy, ale s dôverou sa utiekala k Márii a modlila sa jeden ruženec za druhým v nádeji, že sa jej syn vráti.

Jedného dňa, keď už bol otec vyčerpaný a vyhladovaný ako všetci jeho spoluväzni, strážnici SS prikázali väzňom nosiť kamene z lomu na miesto, kde chceli postaviť novú budovu. Každý väzeň dostal jeden veľký kameň, ktorý mal preniesť. Keď otec uvidel kameň, ktorý mu pridelili, pochopil, že nadišla jeho posledná hodina, pretože ten kameň bol taký ťažký, že ho nevládal zdvihnúť ani o centimeter. Vedel však, že ak ho neprenesie, vrhnú sa naňho psy a strážnici SS ho zastrelia ako kus dobytka. Takéto scény už videl na vlastné oči.

Ako tam stál pri tom kameni, vo svojej úzkosti pozdvihol zrak. V tej chvíli zbadal jednoduchý dedinský domček, ktorý mal na fasáde výklenok so sochou Panny Márie. Keď otec uvidel tú sochu, v srdci zvolal: „Mária, zachráň ma!" V tom momente ten ťažký kameň už nevážil nič! Otec nám hovoril: „Zrazu bol ľahký ako pierko!"

Z celej odbojovej bunky sa otec ako jediný vrátil domov živý (vďaka čomu som sa mohla narodiť!). Ani netreba dodávať, že môj otec nevynechal ani jediný deň modlitbu ruženca!

BOHU NIČ NIE JE NEMOŽNÉ!

Misie na ďalekých miestach nám vždy otvárajú nečakané obzory, o ktorých sme ani len netušili. Jedným z mojich najkrajších zážitkov v Argentíne bola návšteva mužskej väznice v novembri 2018. Bola to najprísnejšia väznica pre zločincov. Pred vyše desiatimi rokmi sa dvaja muži rozhodli, že týchto väzňov vyslobodia z ich beznádeje a budú im svedčiť o Božej láske, aby im napokon umožnili hlboké obrátenie. Keď som prichádzala do tejto väznice, videla som tých mužov usmiatych, pokojných a ohľaduplných voči sebe navzájom... Nemohla som uveriť vlastným očiam! Je to dlhý príbeh o láske, ktorá umožnila tým dvom evanjelizátorom zaviesť modlitbu ruženca v tejto väznici. Panna Mária urobila v ich srdciach zázraky.

Na tú návštevu nikdy nezabudnem. Keď sa otvorili dvere a návšteva sa skončila, nemali sme vôbec chuť odísť od tých väzňov, ktorí sa stali našimi bratmi. Prišli sme im svedčiť o Božej láske, no práve my sme boli zasiahnutí svedectvom týchto mužov, ktorých život bol v troskách a ktorí sa vďaka modlitbe ruženca a materinskej láske Panny Márie stali výnimočnými svedkami moci Kristovho zmŕtvychvstania.

Nech nám to však vyrozpráva Damián, hlavný hrdina tohto neuveriteľného príbehu...

„Keď ti zazvoní telefón o 06.35 ráno, môžeš si byť istý, že to neveští dobré správy. Volala naša 19-ročná dcéra Lucía, ktorá bola napriek tomu, čo sa stalo, dosť pokojná. Cestou na univerzitu mala vážnu dopravnú nehodu. S mojou ženou Josefinou sme sa ponáhľali na miesto.

V jednom z áut, ktoré tadiaľ práve prechádzali, sedel Coco Oderigo, ktorý viezol svojich osem detí do tej istej školy, kam chodili aj naše deti. „Damián, ty si v tejto šlamastike? Čo sa stalo? Prišiel niekto o život? Len čo zaveziem deti do školy, hneď sa vrátim a pomôžem ti s právnymi záležitosťami." Dodnes som mu za to nesmierne vďačný, lebo ako skúsený trestný advokát nám ušetril mnoho komplikácií. Neskôr som sa s ním stretol pri bráne školy.

— Coco, musím s tebou hovoriť.

— Dobre, samozrejme. Pôjdeš autom za mnou? Zájdeme na kávu.

S Cocom sme boli dosť dobrí priatelia. Mali sme rovnaké hodnoty, čo sa týka rodiny a vierovyznania. V to ráno sa mi však zdalo, že ideme akosi príliš ďaleko na tú kávu. Ale Coco tu bol „šéf", tak som išiel za ním. Ďalej už bola cesta veľmi rozbitá a zrazu som sa ocitol pred zátarasou. A vôbec to nevyzeralo ako vstup do nejakého klubu… Zaparkovali sme autá pri obrovskom kolose zo sivého betónu lemovanom ostnatým drôtom.

—Čo je to?

—To je väznica.

Nikdy predtým som v žiadnej väznici nebol, nieto ešte vo väznici postavenej na mieste skládky.

—Poznám ťa dosť dobre na to, aby som vedel, že sa ti to bude páčiť, povedal mi Coco. —Už štyri roky učím väzňov hrať ragby. Povedal som im, že dnes im priveziem *kouča*. Tak môžeš začať premýšľať, čo im povieš. Podaj mi svoj občiansky preukaz. Už sme pri vstupnej bráne väznice.

Mal som sotva 50 metrov na to, aby som si premyslel, čo im poviem, no nemal som v mysli nijakú jasnú predstavu. V hĺbke duše som si pomyslel, že Coco mal pravdu: páčilo sa mi to. Našiel ten správny spôsob, ako ma dostať do väzenia. O minútu už som stál na ošarpanom ihrisku s trinástimi ufúľanými kriminálnikmi v ragbyových dresoch. Postavili sa do kruhu okolo mňa a predstavili sa mi svojimi veľmi zábavnými prezývkami. Hovorili si *Espartanos* (Sparťania): *Liebre* (Zajac), *Diente* (Zub), *Piojo* (Voš) a *Chino* (Číňan).

Rozprával som im o princípoch ragby a o dôležitosti tímovej hry. O tom, ako osemnásťroční uruguajskí ragbisti, ktorých lietadlo sa zrútilo nad Andami, dokázali vďaka ragby prežiť sedemdesiatva dní „uväznení" v snehu bez jedla a vody. Nikdy nezabudnem na naše prvé vrelé objatia. Bolo to, akoby som pre nich stelesňoval slobodu, po ktorej tak veľmi túžili. Vrúcne objatie, ktoré som v to ráno dostal od každého z nich, bol ich jediný kontakt so slobodným svetom za múrmi väzenia. Bol to veľmi silný zážitok.

O niekoľko mesiacov nato som povedal Cocovi, že by som sa rád vrátil do *Unidad Penitenciaria* č. 48, aby som ich znova navštívil. Skutočne mi chýbali. Dostal som nápad urobiť duchovnú obnovu v Pavilóne 8 na tému ragby.

— Zoženieme nejakých rečníkov, kňaza, čo odslúži omšu, a ty si vyber tému, keď si teraz *kouč*. A tým to zakončíme.

Moja prednáška v ten deň bola o ruženci a jeho vplyve na môj život. Keď som bol malý, bolo nás trinásť súrodencov. Pri nohách rodičovskej postele sme sa na kolenách modlievali ruženec k Panne Márii. Také boli moje írske korene z otcovej i maminej strany. Náš dom pripomínal skôr väzenie. Bola tam šikana, nespravodlivosť, chýbali nám peniaze, jedlo a oblečenie, mladší otročili starším a všemožne sa porušovali ľudské práva — opisoval som s nadsádzkou. A koľko sme mali roboty! Veľmi som tomu celému nerozumel, aj keď naši rodičia pre nás obetovali celý svoj život. Ako dieťa som bol však príliš sebecký a nedokázal som pochopiť, prečo mám tak veľa súrodencov a tak málo pohodlia. No keď sme sa modlili ruženec, z neba zostupovala akási zvláštna milosť, ktorá všetko premieňala. Všetko odrazu dávalo zmysel. V tej chvíli nás naplnil pokoj a naši rodičia boli zrazu tí najlepší rodičia na svete. A vieš čo? V tej chvíli som mal svojich súrodencov veľmi rád! Všetci sme sa hrali spolu a bez hádok. Bolo mi to úplne jasné: toto všetko pramenilo z modlitby ruženca. Tento zvyk som si zachoval, aj keď som si založil vlastnú rodinu s Josefinou, a dostali sme rovnakú milosť. Potvrdilo sa mi to najmä vtedy, keď som sa dozvedel diagnózu nášho najmladšieho syna Michaela: Duchennova svalová dystrofia. Presne v tej chvíli som pocítil akýsi pozitívny duchovný „šok". Uvedomil som si, že každý ruženec, ktorý som sa v živote pomodlil, a každá omša, na ktorej som sa zúčastnil, sa sprítomnili a konečne dávali zmysel. Akýsi tichý hlas mi hovoril: „To všetko bolo kvôli tomuto." Aby som dokázal s láskou prijať chorobu môjho syna. Aby som prijal tohto anjela. Aby som dokázal niesť kríž. Zároveň s touto dýkou do srdca však z neho vytryskol prival lásky. Bolesť sa rýchlo premenila na lásku. Bola to úžasná skúsenosť, ktorá dala môjmu životu zmysel.

Toto som im teda v to ráno porozprával. Kúpil som tiež štyridsať ružencov a každému väzňovi som jeden daroval spolu s brožúrkou *Ako sa modliť ruženec*. Nakoniec som sa s každým rozlúčil vrúcnym objatím. Uvedomil som si však, že nikto z nich sa nevedel modliť ruženec. Preto som sa rozhodol, že prídem aj nasledujúci piatok a pomodlím sa s nimi celý ruženec, aby sa ho potom vedeli modliť aj sami.

V ten piatok sme tam s Cocom prišli vyzbrojení chutnými koláčikmi pre štyridsať ľudí a začali sme ich učiť, ako sa modlia jednotlivé tajomstvá, desiatky a tak ďalej. Keď sa koláčiky minuli, zostali s nami len traja či štyria slušne vychovaní väzni. Niektorí sa nás opýtali: „Prídete aj budúci piatok?" Neviem, či tá otázka súvisela s koláčikmi, so mnou alebo s ružencom, na tom však nezáležalo. Tak sme teda prišli znova, no každý piatok to vyzeralo rovnako. Potom sa nás niekoľko priateľov spýtalo, či sa aj oni môžu prísť modliť s *Espartanos*. Bolo ich čoraz viac. To, čo som predtým zažil v mojej rodine, sa začalo prejavovať aj tu. Pavilón 8 sa stával čoraz príjemnejším miestom na život. Človek sa tu cítil viac „ako doma", v rodine, v kruhu priateľov. Po každom ruženci nás naplnil pokoj a radosť.

Nakoniec sa s nami začali modliť všetci *Espartanos* a „ľudia z ulice" (tak nás volali) prichádzali v čoraz väčšom počte. Po každom tajomstve sme diskutovali o témach ako odpustenie, duchovné uzdravenie, nežnosť, láska, detstvo, nesenie kríža, úloha satana, zmŕtvychvstanie, životy svätých, večný život... Začali sme sa modliť za pápeža, za naše rodiny, za chorých, za chudobných... Dostali sme a stále dostávame hojné milosti od Preblahoslavenej Panny Márie. Boli sme svedkami obrátení, zázrakov, uzdravení a stále prichádzajú nové prekvapenia. Celkovo sa v *Unidad Penitenciaria* č. 48 v pavilónoch 7, 8, 10, 11 a 12 každý piatok približne 300 väzňov zbožne modlí ruženec. Túto modlitbu sme nikdy neprerušili. Ani leto, prázdniny, Vianoce či Veľká noc, zima, mráz, vietor ani extrémna horúčava nám nezabránili v tom, aby sme sa modlili. Dnes je táto prax rozšírená aj v susednej väznici, *Unidad Penitenciaria* č. 47. A v tých väzniciach, kde sa začalo hrať ragby, sa ruženec modlia čoraz viac. Títo muži zbavení slobody sa každý piatok tešia na príchod „ľudí z ulice", aby sa s nimi pomodlili ruženec. Každý týždeň vyše sto dobrovoľníkov zapĺňa parkovisko a čaká v rade, aby sa mohli spolu s väzňami modliť k Panne Márii. A ona nás potom posiela naspäť domov s dokonale dobitými baterkami.

Máme tú výsadu byť svedkami v prvej línii jej nádhernej práce. Ako povedal pápež František: „Panna Mária dokáže premeniť jaskyňu pre zvieratá na dom pre Ježiša, a to s niekoľkými biednymi plienkami a velikánskou nehou". Tento výrok stále opakujeme a naši väzni odpovedajú: „Väznice boli jaskyňami pre zvieratá, kde vládlo násilie, smrť, bolesť a utrpenie; teraz tu však hráme ragby a modlíme sa ruženec. Už to nie sú jaskyne pre zvieratá. Z nášho domu je klub a vy v ňom budete vždy vítaní."

Som rád, že Coco ma v ten deň nezobral na kávu! Je také skvelé byť súčasťou tímu, ktorý patrí Panne Márii!"

DAMIÁN DONNELLY
Advokát z Buenos Aires, Argentína

Prisľúbenia Najsvätejšej Panny Márie tým, ktorí sa modlia ruženec

Blahoslavený Alain de la Roche, ktorý prijal rehoľné rúcho svätého Dominika a ktorému vďačíme za dnešnú podobu svätého ruženca, nám odovzdal prisľúbenia, ktoré dostal od Panny Márie pre tých, ktorí sa budú zbožne modliť jej ruženec:

1. Všetkým, ktorí sa budú zbožne modliť môj ruženec, sľubujem svoju zvláštnu ochranu a tie najväčšie milosti.

2. Tí, ktorí v modlitbe ruženca vytrvajú, dostanú pozoruhodné milosti.

3. Ruženec bude mocnou zbraňou proti peklu; zničí vášne, oslobodí od hriechu a zaženie bludy.

4. Ruženec rozhojní čnosť a obsiahne pre duše hojné Božie milosrdenstvo. Odvráti srdcia ľudí od lásky k svetu a jeho márností a pozdvihne ich k túžbe po večných veciach. Tie duše sa posvätia týmto prostriedkom.

5. Tí, čo sa mi odovzdajú cez ruženec, nezahynú.

6. Toho, kto sa bude zbožne modliť môj ruženec a rozjímať o jeho tajomstvách, nikdy nepremôže nešťastie, nezažije Boží hnev a nezomrie náhlou smrťou. Hriešnik sa obráti, spravodlivý vytrvá v milosti a zaslúži si večný život.

7. Kto sa zasvätí môjmu ružencu, nezomrie bez sviatostí Cirkvi.

8. Tí, čo sa budú verne modliť môj ruženec, budú mať počas svojho života i v hodine smrti Božie svetlo a plnosť jeho milostí a budú mať účasť na zásluhách svätých v nebi.

9. Ihneď vyvediem z očistca duše zasvätené môjmu ružencu.

10. Verné deti môjho ruženca sa budú tešiť veľkej sláve v nebi.

11. Dostanete všetko, o čo budete prosiť prostredníctvom ruženca.

12. Tým, ktorí budú šíriť môj ruženec, sľubujem pomoc vo všetkých ich potrebách.

13. Dosiahla som od svojho Syna, že všetci členovia Ružencového bratstva budú mať počas svojho života i v hodine smrti za prostredníkov celý nebeský dvor.

14. Všetci, ktorí sa zbožne modlia môj ruženec, sú moje milované deti, bratia a sestry Ježiša Krista.

15. Oddanosť môjmu ružencu je veľkým znamením predurčenia.

www.ingramcontent.com/pod-product-compliance
Lightning Source LLC
Chambersburg PA
CBHW072150100526
44589CB00015B/2171